Johann Wolfgang Goethe
Merkwürdige Menschen

Johann Wolfgang Goethe

MERKWÜRDIGE MENSCHEN

Sieben
literarische
Porträts

Herausgegeben
von
Christoph Michel

Aufbau-Verlag

Mit 7 Abbildungen

Inhalt

Vorwort

Im Oktober 1789, eben aus Italien zurückgekehrt, entwickelt der große Anreger Herder seinem Schüler und Freund Johann Georg Müller, Katechet in Schaffhausen, seine »alte Idee u. Liebhaberei [...], Leben von Leuten, die solche von sich selbst geschrieben haben, zu sammeln u. herauszugeben. [...] Wie wärs, wenn man eine Sammlung solcher ›Geständniße von sich selbst‹ machte, die die merkwürdigsten Leute der Welt von sich gethan haben? Nicht ganze Leben, sondern nur die treffendsten Züge daraus u. Facta zur Erläuterung dieser Bekänntniße u. Confeßionen.« Bereits 1791 erscheint der erste Band der von Müller herausgegebenen, von Herder mit Einleitungen versehenen Serie *Bekenntnisse merkwürdiger Männer von sich selbst*, in der Petrarca, Augustinus, Uriel Acosta, Franciscus Junius, Comenius, Ludwig von Holberg, Leibniz, Zinzendorf, Peter Daniel Huet, Richard Hakluyt und Heinrich Stephanus zu Wort kommen: eine Reihe abendländischer Geister, die für Herders wie stets weitgespannten Entwurf schon fast wieder zu elitär scheint, wenn er fordert, »Leute von allerlei Stande, Männer u. Weiber, Alte u. Neue« aufzunehmen, Beiträge von »Franzosen, Engländern u. Italienern«, »Confeßionen in Memoires, Briefen, Vorreden u. sonst«, »christlich, heidnisch, jüdisch u. Muhammedisch«.

Was hier, nur wenige Monate nach dem Ausbruch

der Französischen Revolution, noch einmal als antiquarisches, wenn auch weltumgreifendes Unternehmen auflebte, war die (Selbst-) Darstellung des außergewöhnlichen Individuums, des »merkwürdigen« Menschen, in der älteren Bedeutung von ›merkwürdig‹: ›memorabilis‹, wert, ihn sich zu merken, ihm ein Denkmal zu errichten, Erinnerung zu sichern durchs Notat. Für das schriftliche Andenken hatte der jüngere Herder in den Biographien Thomas Abbts und Winckelmanns eine moderne, die erstarrte Formelhaftigkeit barocker Nekrologe aufbrechende Sprache gefunden. Aber während Herder in den neunziger Jahren das Interesse am vergangenen Leben »merkwürdiger« Menschen seiner großen didaktischen Idee einer völkerübergreifenden »Beförderung der Humanität« dienstbar machte, hielt es einer seiner frühsten Schüler, Goethe, mit den Gegenwärtigen, den Lebenden. Mag, was Goethe an Gedächtnisreden und Erinnerungsschriften veröffentlichte (Winckelmann, Herzogin Anna Amalia, Wieland), dem Herderschen Gedanken des Exemplarischen und damit Lehrhaften gar nicht so fern stehen, mag er früh, von Herder inspiriert, am Mythos der historischen Großen fortgeschrieben haben (Erwin v. Steinbach, Sokrates, Cäsar), so ist es doch auch da ein grundsätzlich anderes Bemerken als bei Herder, dem Antiquar und Programmatiker. Goethes Wahrnehmung ist von Anfang an empirischer, sie ist aber auch komplexer und, sobald sie in die künstlerische Form übergeht, unbekümmert subjektiv. Lavaters physiognomische Terminologie nutzt er, vor der zu simplen Methode, den Kurzschlüssen wahrt er sich. Wie ihm viele Dinge und Menschen merkwürdig erscheinen, erscheinen sie ihm auch aufschreibenswert. Peter von Matt hat gezeigt, wie reich an Miniaturporträts merkwürdiger Menschen Goethes Autobiographie ist und wie er die Notate formt, auch nach Vorlieben und Abneigungen lenkt (*... fertig ist das Angesicht. Zur Literaturgeschichte des menschlichen Gesichts*, München 1981).

Reicher noch an Porträts sind die Briefe. In ihnen liegt meist auch der Weg noch offen vom Bemerken des Besonderen zu seiner Beschreibung und manchmal weiter zur literarischen Ausformung bis hin zur poetischen Gestalt. Das instruktive Beispiel eines solchen Wegs geben Goethes Berichte an Frau von Stein von Neunheiligen, vom 7. bis 12. März 1781. Er und der junge Herzog sind dort Gäste des Grafen und der Gräfin von Werthern. Zu ihr hat Carl August seit längerem eine Neigung, die Goethe fördert, weil er sich von ihr einen mäßigenden Einfluß auf den Herzog verspricht. Gräfin und Herzog werden Goethe zuerst in ihrer Konstellation »merkwürdig«, den schon vertrauten Herzog sieht er neu und erkennt ihn tiefer. Aus der Gegensätzlichkeit dieses Paars auf Zeit macht Goethe ein Studium des Einzelnen. Ja, er gibt zu, die Symbiose als experimentellen ›set‹ zu nutzen. Der Blick auf die Bühne ist frei, nichts lenkt den Betrachter ab: »Sonst liest und schwäzt man, isst und trinckt, mir kommts ganz ungewohnt vor solche harmlose Tage zu haben.« Auf dieser geglätteten Tafel beginnt der gar nicht harmlose Beobachter seine Linien zu ziehen. »Ich habe noch drey Tage und nichts zu thun als sie [die Gräfin] anzusehn, in der Zeit will ich noch manchen Zug erobern.« Treten noch andere Akteure hinzu (z. B. der Graf; Goethe: »Seine Narrheit nehm ich für bekannt an und toll ist er noch nicht gewesen«), wird Goethes Blick nüchterner, beginnt die an Lichtenbergs Ironie mehr als an Lavaters Zudringlichkeit erinnernde Vivisektion: »Gestern haben die Ratten [die Hofgesellschaft] zu maneuvriren angefangen; da ich nun auf alle solche inn- und ausländische Tiere sehr präparirt bin, hab ich mich sogleich einiger bemächtigt, sie secirt um ihren innern Bau kennen zu lernen, die andern hab ich wohl beobachtet, und ihre art die Schwänze zu tragen bemerckt, daß ich gute phisiologische Rechenschafft davon werde geben können. Ich hoffe in diesen wenigen Tagen noch einige Scenen, um die Erscheinung recht rund zu kriegen. Ich erstaune wie das plumpste so fein, und das feinste so plump zusammenhängt. So still bin ich lang nicht gewesen, und wenn das Auge Licht ist wird der ganz Körper licht seyn et vice versa.«

Im Wechselspiel der Hauptpersonen zeigt sich vor der Lichtgestalt der Gräfin nun die Natur des Herzogs und wird, auch weil sie etwas für seinen »Stand« Exemplarisches hat, von Goethe ungeschönt geschildert: »Mich wundert nun gar nicht mehr daß Fürsten meist so toll, dumm, und albern sind. Nicht leicht hat einer so gute Anlagen als der Herzog, nicht leicht hat einer so viel verständige und Gute Menschen um sich und zu Freunden als er, und doch wills nicht nach Proportion vom Flecke, und das Kind und der Fischschwanz gucken eh man sich's versieht wieder hervor. Das größte Übel hab ich auch bemerckt. So passionirt er fürs gute und rechte ist, so wirds ihm doch weniger darinne wohl als im unschicklichen, es ist ganz wunderbaar wie verständig er seyn kann, wie viel er einsieht, wieviel kennt, und doch wenn er sich etwas zu gute thun will so muß er etwas Albernes vornehmen, und wenns das Wachslichter Zerknaupeln wäre. Leider sieht man daraus daß es in der tiefsten Natur steckt, und daß der Frosch fürs Wasser gemacht ist wenn er gleich auch eine Zeitlang sich auf der Erde befinden kan.«

Tritt hier eine bleibende Ambivalenz des Herzogs zutage, an der Goethe sein Leben lang zu tragen haben wird, die er wenig später im *Ilmenau*-Gedicht dennoch mit einem Hoffnungsstrahl beleuchtet (»Noch ist [...] / Ihm Irrtum eine Leidenschaft«), so wird ihm die Gräfin merkwürdig als Beispiel einer im Hofleben unter all den menschlichen Karikaturen und »schlechten Musickanten« lange vergeblich gesuchten natürlichen Ganzheit: »Dieses kleine Wesen hat mich erleuchtet. Diese hat Welt oder vielmehr sie hat die Welt, sie weis die Welt zu behandlen (la manier) sie ist wie Quecksilber das sich in einem Augenblicke tausendfach theilt und wieder in eine Kugel zusammenläuft. Sicher ihres Werths, ihres Rangs handelt sie zugleich mit einer Delikatesse und Aisance die man sehn muß um sie zu dencken. Sie scheint iedem das seinige zu geben wenn sie auch nichts giebt, sie spendet nicht, wie ich andre gesehn habe, nach Standsgebühr und Würden iedem das eingesiegelte zugedachte Packetgen aus, sie lebt nur unter den Menschen hin, und daraus entsteht eben die schöne Melodie die sie spielt daß sie nicht ieden Ton sondern nur die auserwählten berührt. [...] Was in ieder Kunst das Genie ist, hat sie in der Kunst des Lebens. [...] Sie sehen ich trete geschwind auf alle Seiten um mit todten Worten, mit einer Folge von Ausdrücken ein einziges Lebendiges Bild zu beschreiben. Das Beste bleibt immer zurück.« Eine Geschichte muß das mit Worten eigentlich nicht Faßbare wenigstens andeuten – indem sie zugleich einen Blick auf das (auch in der Negation ganzheitliche) inkommensurable Wesen der Gräfin eröffnet, »wie eine Parabel den Anfang einer ungeheuren Bahn zeichnet. Der Pfarr hier ist ein schlechter Kerl, nicht so daß man ihn absezzen könnte, genug er ist schlecht. Wenn der Graf ihn zu Gaste lädt so ißt sie nicht mit hausen, und sagt es sey recht und nothwendig auch öffentlich zu zeichen wenn man iemanden um seiner Schlechtigkeit willen verachtet. Thun Sie dieses zu ienem oben gesagten hinzu so multiplizirt es die Summe ungeheuer.«

Was Goethe die im Umgang mit der Gräfin erfahrene »Erleuchtung« nennt, beschreibt er auch als Erweiterung und Klärung seines Welt- und Wirklichkeitsbegriffs, als den ihm einzig möglichen Lernprozeß: durch Anschauung eines Ganzen, in sich Vollendeten: »Die Gräfinn hat mir manche neue Begriffe gegeben, und alte zusammengerückt. Sie wissen daß ich nie etwas als durch Irradiation [Erleuchtung] lerne, daß nur die Natur und die größten Meister mir etwas begreifflich machen können, und daß im halben oder einzelnen etwas zu fassen mir ganz unmöglich ist!« Durch die Strahlkraft der Person zeigen sich Goethe »die Worte Welt, grose Welt, Welt haben« erstmals in voller Größe und Deutlichkeit.

Schlägt sich der Gewinn hier für Goethe unmittelbar in der Sprache nieder, die er trotz der empfundenen Insuffizienz poetisch steigert, wie er sich am Beschreiben der Gräfin auch fast nicht genugtun kann, so wirkt umgekehrt alles, was um sie kreist und »große Welt« sein möchte, gering, ja lächerlich, nicht wert, Worte darauf zu verwenden. Und doch gehen selbst die Typen für den Künstler Goethe nicht verloren, notiert er sie für sein Gestaltenarchiv, als Ressource für künftige Werke: »Gerne macht ich Ihnen nun auch von ihm [dem Grafen Werthern] das Portrait so weit ichs habe und führte den Rattentext weiter aus, wenn mich bey diesem Gegenstande nicht der natürliche Widerwille gegen das Schreiben behende ergriff. So viel kan ich sagen er macht mir meine dramatische und epische Vorrathskammer um ein gutes reicher. Ich kan nicht verderben, da ich auch aus Steinen und Erde Brod machen kan.«

Und schließlich ist der Gewinn des Porträtierens für Goethe noch in einem anderen Kontext aufgehoben, der das egoistische Künstlertum durchbricht: im Dialog mit der Adressatin seiner Briefe: »Adieu süse Unterhaltung meines innersten Herzens. Ich sehe und höre nichts guts das ich nicht im Augenblick mit Ihnen theile. Und alle meine Beobachtungen über Welt und mich, richten sich nicht, wie Marck Antonins, an mein eignes, sondern an mein zweites selbst. Durch diesen Dialog, da ich mir bey iedem dencke was Sie dazu sagen mögten, wird mir alles heller und werther. [...] auf das Siegel drück ich einen Kuß und bin dein für ewig.«

In den folgenden Porträts »merkwürdiger Menschen« aus Goethes späteren Jahren findet sich vieles, wenn auch nicht alles wieder, was die Briefe von Neunheiligen gleichsam als ein komplexes Modell Goethescher Porträt-Hermeneutik vorgeführt haben. An die Stelle des intimen Dialog-Elementes, in dem die frühen Porträts aufgehoben waren, aus dem sie ihre große Offenheit und, paradox, ein Maximum an Selbstdarstellung des Dichters bezogen hatten, tritt in ihnen, die alle für die Öffentlichkeit bestimmt sind, der Dialog mit dem Publikum. Manche sind allerdings aus Briefmitteilungen hervorgegangen; so, vermutlich, die Berichte aus Palermo (Palagonia) und Messina (Odea) und das zuerst für Herzog Carl August skizzierte Porträt des Sammlers Beireis. Ausdrücklich an die Leser wendet sich in einem Verständnis erbittenden Epilog Goethe nach der Schilderung della Valles, und auch im Anschluß an den Aufsatz über Filippo Neri war zunächst an ein Nachwort gedacht, das die Vita des Heiligen in den zeitgeschichtlichen Kontext stellen und damit dem Leser begreiflicher machen sollte.

Wer die hier ausgewählten, teilweise wenig bekannten Texte (die immer auch ein Stück des Kontextes, in dem sie für Goethe entstanden sind, mit sich führen) oberflächlich betrachtet, könnte leicht den Eindruck erhalten, daß das gemeinsame Band des ›Merkwürdigen‹ nicht mehr die ursprünglich hohe, sondern die abseitige Bedeutung des Begriffs meine, nicht das bedeutende, sondern das sonderbare, ja kuriose Individuum, den boshaften Erfinder einer verrückten Villenarchitektur, einen tollwütigen Gouverneur, eine geistbesessene, grenzenlos subjektive Literatin, einen renommierenden Universalgelehrten und skurrilen Sammler, einen triebgesteuerten Landrat, einen seine tote Frau jahrelang als Fetisch mitschleppenden Weltreisenden, schließlich einen dämonischen Heiligen. Es ist offenkundig, daß Goethe die Seltsamkeiten und die Nachtseite der Menschen auch und seit jeher interessierten, ja, daß sie eine besondere Faszination auf ihn ausübten. So äußert er sich im Alter über die einstige Freundin Bettina von Arnim, die er als inzwischen »nicht mehr redlich, sondern erzschelmisch [...], halb Mignon-, halb Gurli-[eine Kotzebuesche Theater-]Maske« vorgaukelnd, schildert: »Solche problematische Charaktere interessieren mich aber immer umsomehr, je schwieriger es mir wird, sie zu erklären und zu entziffern« (23. September 1827 im Gespräch mit Kanzler von Müller). Und als er demselben Gesprächspartner gegenüber sich rechtfertigen zu müssen glaubt, daß er »einen ganzen Band absurder [...] Predigten« des Theologen Friedrich Wilhelm Krummacher, *Blicke ins Reich der Gnade*, »durchgelesen, ja einen Aufsatz darüber zusammenzubringen versucht« habe, argumentiert er: »ihm sei daran gelegen, so ein tolles Individuum zu lernen und zu ergründen, *wie* es sich zu unsrer Zeit und Bildung verhalte und sich darin habe gestalten können« (11. Januar 1830). Es ist im Grund noch die gleiche Art Neugier, die ihn schon früh dazu getrieben hatte, sich mit dem großen Scharlatan Cagliostro zu beschäftigen, der ihm zur Signatur des korrupten ancien régime wurde, den er bis in das Milieu seiner Familienherkunft hinein immer wieder umkreiste und zu fassen suchte und der doch eine seltsame Leerstelle für ihn blieb: »Calliostro ist immer ein merckwürdiger Mensch. Und doch sind Narr mit Krafft, und Lump so nah verwandt. Ich darf nichts drüber sagen. ich bin über diesen Fleck unbeweglich. Doch lassen solche Menschen, Seiten der Menschheit sehen, die im gemeinen gange unbemerckt blieben« (an Lavater, 18. März 1781).

Es sind auch die Gefährdungen, Irritationen, Abgründe seiner Zeit, die Goethe in den »merkwürdigen Menschen«, die er aufsucht, diagnostiziert. Und es sind, der Schwierigkeit dieser Erkundungen entsprechend, gar nicht so viele, die er danach auch literarisch porträtiert. In jedem Fall ist seine Analyse eine gründliche, oft jahrelang vor- und nachbereitete. Ja, er setzt sich den Begegnungen aus, taucht in das fremde Element ein, um dann, belehrt – und bisweilen auch versehrt –, wieder aus der Distanz das Fazit zu ziehen. Wie lang trägt er die Irritation über das Barock des Fürsten Palagonia mit sich herum, um sich, je weiter vom konkreten Protokoll entfernt, desto heftiger darüber zu ereifern! Wie kämpft er sich ab, in Widerwillen und Bewunderung, ausweichend, die Nähe suchend, überdrüssig und doch geschmeichelt, um sein Auskommen mit Madame de Staël zu finden! Dem cholerischen Gouverneur von Messina stellt er sich, während alles vor Schreck erstarrt, einen Wutausbruch riskierend und dann doch Wohlwollen erntend. Tagelang hält er sich in Beireis' schwindelerregenden Sammlungen auf, nimmt dazu Freunde, ja den eigenen Sohn mit und studiert auch die Lebensweise des alten »Thaumaturgen«. Den »tollen Hagen« packt er an der Wurzel seiner faunischen Natur, mobilisiert die eigene frühere Exzessivität und bewirkt eine Katharsis durch Erschöpfung. Mit della Valle begibt er sich auf die Reise in den Orient, liest ihn nicht nur, sondern macht aus seiner Schrift ein Studium, expliziert die Tyrannen- und die Liebesgeschichte des seltsamen Mannes, verwebt sie mit eigner Lebenserfahrung und baut so die Brücke zwischen dem poetischen und dem gelehrten »Divan«. Und wie lang gibt er sich mit dem Leben des heiligen Neri ab, es wieder und wieder erzählend, auch dies, wie die Erinnerungen Cellinis, für ihn das Bild eines bewegten Jahrhunderts, in dem er Parallelen zu seiner eigenen geschichtlichen Zeit sieht; hier werden der Künstler, Cellini, und der Heilige aus »merkwürdigen« auch musterhafte, »flügelmännische« Menschen, die ihm zeigen, wie man sich und sein Werk im »Zeitensturm« erhält.

Groß ist der Anteil der Kritik, messerscharf die Analyse in den Porträts. Oft wehrt sich in ihnen der Verfasser als Betroffener. Vielleicht in keinem Text unserer Auswahl mehr als in dem Bericht über Madame de Staël. Das könnte (und es hat ja auch) Goethe den Vorwurf der Immunisierung, ja mangelnder Begegnungsfähigkeit eintragen. Doch zeigt uns gerade hier ein privates Dokument, was hinter Goethes Verhalten, was hinter dem Text seiner späteren Chronik wirksam war – ein »Brief zu Beförderung der Humanität« auch das, nicht öffentlich und programmatisch wie diejenigen Herders, aber, wenn wir ihn nur lesen, heute vielleicht verständlicher als diese. Goethe am 28. August 1807 an Karl Friedrich Reinhard:

»In Ihrem Urteil über Corinna [Madame de Staëls neusten Roman] hat mich Ihr treffender Geradsinn abermals sehr gefreut. Sie lassen ihr vollkommen Gerechtigkeit widerfahren, und das, was Sie tadeln, möchte ich nicht in Schutz nehmen. Nur gestehe ich gern, daß ich gegen dieses Werk wie gegen alles Hervorgebrachte nachsichtiger und schonender verfahre, indem schon Talent erfordert wird, auch das, was nicht recht ist, hervorzubringen. Und so verschmelzen sich vor meiner Ansicht die Fehler ins Gute, wie es ja bey Betrachtung der Individuen auch der Fall ist, an denen wir immer zu loben und zu tadeln finden, und die wir zuletzt doch lieben müssen. Die Synthese der Neigung ist es eigentlich, die alles lebendig macht.«

Christoph Michel

Textgrundlage der Briefzitate: S. 7: J. G. Herder, *Briefe*. Gesamtausgabe. Bd. 6, Weimar 1981, S. 191; S. 9–13: J. W. Goethe, *Gedenkausgabe*. Bd. 18, 2. Aufl., Zürich 1965, S. 571–579; die übrigen Briefzitate nach der *Weimarer Ausgabe*; die Zitate aus Kanzler von Müllers *Unterhaltungen mit Goethe* nach der Ausgabe von Renate Grumach.

Prinz Palagonia

Der Erbe

Christoph Heinrich Kniep:
Balustradenfiguren der Villa Palagonia
Graphitstift. 1787
(SKW/GSA); s. S. 27

Palermo, Montag, den 9. April 1787

Heute den ganzen Tag beschäftigte uns der Unsinn des Prinzen Pallagonia, und auch diese Torheiten waren ganz etwas anders, als wir uns lesend und hörend vorgestellt. Denn bei der größten Wahrheitsliebe kommt derjenige, der vom Absurden Rechenschaft geben soll, immer ins Gedränge: er will einen Begriff davon überliefern, und so macht er es schon zu etwas, da es eigentlich ein Nichts ist, welches für etwas gehalten sein will. Und so muß ich noch eine andere allgemeine Reflexion vorausschicken: daß weder das Abgeschmackteste noch das Vortrefflichste ganz unmittelbar aus *einem* Menschen, aus *einer* Zeit hervorspringe, daß man vielmehr beiden mit einiger Aufmerksamkeit eine Stammtafel der Herkunft nachweisen könne.

Jener Brunnen in Palermo gehört unter die Vorfahren der Pallagonischen Raserei, nur daß diese hier, auf eignem Grund und Boden, in der größten Freiheit und Breite sich hervortut. Ich will den Verlauf des Entstehens zu entwickeln suchen.

Wenn ein Lustschloß in diesen Gegenden mehr oder weniger in der Mitte des ganzen Besitztums liegt und man also, um zu der herrschaftlichen Wohnung zu gelangen, durch gebaute Felder, Küchengärten und dergleichen landwirtschaftliche Nützlichkeiten zu fahren hat, erweisen sie sich haushältischer als die Nordländer, die oft eine große Strecke guten Bodens zu einer Parkanlage verwenden, um mit unfruchtbarem Gesträuche dem Auge zu schmeicheln. Diese Südländer hingegen führen zwei Mauern auf, zwischen welchen man zum Schloß gelangt, ohne daß man gewahr werde, was rechts oder links vorgeht. Dieser Weg beginnt gewöhnlich mit einem großen Portal, wohl auch mit einer gewölbten Halle und endigt im Schloßhofe. Damit nun aber das Auge zwischen diesen Mauern nicht ganz unbefriedigt sei, so sind sie oben ausgebogen, mit Schnörkeln und Postamenten verziert, worauf allenfalls hie und da eine Vase steht. Die Flächen sind abgetüncht, in Felder geteilt und angestrichen. Der Schloßhof macht ein Rund von einstöckigen Häusern, wo Gesinde und Arbeitsleute wohnen; das viereckte Schloß steigt über alles empor.

Dies ist die Art der Anlage, wie sie herkömmlich gegeben ist, wie sie auch schon früher mag bestanden haben, bis der Vater des Prinzen das Schloß baute, zwar auch nicht in dem besten, aber doch erträglichem Geschmack. Der jetzige Besitzer aber, ohne jene allgemeinen Grundzüge zu verlassen, erlaubt seiner Lust und Leidenschaft zu mißgestaltetem, abgeschmacktem Gebilde den freisten Lauf, und man erzeigt ihm viel zuviel Ehre, wenn man ihm nur einen Funken Einbildungskraft zuschreibt.

Wir treten also in die große Halle, welche mit der Grenze des Besitztums selbst anfängt, und finden ein Achteck, sehr hoch zur Breite. Vier ungeheure Riesen mit modernen zugeknöpften Gamaschen tragen das Gesims, auf welchem, dem Eingang gerade gegenüber, die heilige Dreieinigkeit schwebt.

Der Weg nach dem Schlosse zu ist breiter als gewöhnlich, die Mauer in einen fortlaufenden hohen Sockel verwandelt, auf welchem ausgezeichnete Basamente seltsame Gruppen in die Höhe tragen, indessen in dem Raum von einer zur andern mehrere Vasen aufgestellt sind. Das Widerliche dieser von den gemeinsten Steinhauern gepfuschten Mißbildungen wird noch dadurch vermehrt, daß sie aus dem losesten Muscheltuff gearbeitet sind; doch würde ein besseres Material den Unwert der Form nur desto mehr in die Augen setzen. Ich sagte vorhin »Gruppen« und bediente mich eines falschen, an dieser Stelle uneigentlichen Ausdrucks: denn diese Zusammenstellungen sind durch keine Art von Reflexion oder auch nur Willkür entstanden, sie sind vielmehr zusammengewürfelt. Jedesmal drei bilden den Schmuck eines solchen viereckten Postaments, indem ihre Basen so eingerichtet sind, daß sie zusammen in verschiedenen Stellungen den viereckigen Raum ausfüllen. Die vorzüglichste besteht gewöhnlich aus zwei Figuren, und ihre Base nimmt den größten vordern Teil des Piedestals ein; diese sind meistenteils Ungeheuer von tierischer und menschlicher Gestalt. Um nun den hintern Raum der Piedestalfläche auszufüllen, bedarf es noch zweier Stücke; das von mittlerer Größe stellt gewöhnlich einen Schäfer oder eine Schäferin, einen Kavalier oder eine Dame, einen tanzenden Affen oder Hund vor. Nun bleibt auf dem Piedestal noch eine Lücke: diese wird meistens durch einen Zwerg ausgefüllt, wie denn überall dieses Geschlecht bei geistlosen Scherzen eine große Rolle spielt.

Daß wir aber die Elemente der Tollheit des Prinzen Pallagonia vollständig überliefern, geben wir nachstehendes Verzeichnis. *Menschen*: Bettler, Bettlerinnen, Spanier, Spanierinnen, Mohren, Türken, Buckelige, alle Arten Verwachsene, Zwerge, Musikanten, Pulcinelle, antik kostümierte Soldaten, Götter, Göttinnen, altfranzösisch Gekleidete, Soldaten mit Patrontaschen und Gamaschen, Mythologie mit fratzenhaften Zutaten: Achill und Chiron mit Pulcinell. *Tiere*: nur Teile derselben, Pferd mit Menschenhänden, Pferdekopf auf Menschenkörper, entstellte Affen, viele Drachen und Schlangen, alle Arten von Pfoten an Figuren aller Art, Verdoppelungen, Verwechslungen der Köpfe. *Vasen*: alle Arten von Monstern und Schnörkeln, die unterwärts zu Vasenbäuchen und Untersätzen endigen.

Denke man sich nun dergleichen Figuren schockweise verfertigt und ganz ohne Sinn und Verstand entsprungen, auch ohne Wahl und Absicht zusammengestellt, denke man sich diesen Sockel, diese Piedestale und Unformen in einer unabsehbaren Reihe, so wird man das unangenehme Gefühl mitempfinden, das einen jeden überfallen muß, wenn er durch diese Spitzruten des Wahnsinns durchgejagt wird.

Wir nähern uns dem Schlosse und werden durch die Arme eines halbrunden Vorhofs empfangen; die entgegen stehende Hauptmauer, wodurch das Tor geht, ist burgartig angelegt. Hier finden wir eine ägyptische Figur eingemauert, einen Springbrunnen ohne Wasser, ein Monument, zerstreut umherliegende Vasen, Statuen, vorsätzlich auf die Nase gelegt. Wir treten in den Schloßhof und finden das herkömmliche, mit kleinen Gebäuden umgebene Rund in kleineren Halbzirkeln ausgebogt, damit es ja an Mannigfaltigkeit nicht fehle.

Der Boden ist großenteils mit Gras bewachsen. Hier stehen, wie auf einem verfallenen Kirchhofe, seltsam geschnörkelte Marmorvasen vom Vater her, Zwerge und sonstige Ungestalten aus der neuern Epoche zufällig durcheinander, ohne daß sie bis jetzt einen Platz finden können; sogar tritt man vor eine Laube, vollgepfropft von alten Vasen und anderem geschnörkeltem Gestein.

Das Widersinnige einer solchen geschmacklosen Denkart zeigt sich aber im höchsten Grade darin, daß die Gesimse der kleinen Häuser durchaus schief nach einer oder der andern Seite hin hängen, so daß das Gefühl der Wasserwaage und des Perpendikels, das uns eigentlich zu Menschen macht und der Grund aller Eurhythmie ist, in uns zerrissen und gequält wird. Und so sind denn auch diese Dachreihen mit Hydern und kleinen Büsten, mit musizierenden Affenchören und ähnlichem Wahnsinn verbrämt. Drachen, mit Göttern abwechselnd, ein Atlas, der statt der Himmelskugel ein Weinfaß trägt.

Gedenkt man sich aber aus allem diesem in das Schloß zu retten, welches, vom Vater erbaut, ein relativ vernünftiges äußeres Ansehen hat, so findet man nicht weit vor der Pforte den lorbeerbekränzten Kopf eines römischen Kaisers auf einer Zwerggestalt, die auf einem Delphin sitzt.

Im Schlosse selbst nun, dessen Äußeres ein leidliches Innere erwarten läßt, fängt das Fieber des Prinzen schon wieder zu rasen an. Die Stuhlfüße sind ungleich abgesägt, so daß niemand Platz nehmen kann, und vor den sitzbaren Stühlen warnt der Kastellan, weil sie unter ihren Sammetpolstern Stacheln verbergen. Kandelaber von chinesischem Porzellan stehen in den Ecken, welche, näher betrachtet, aus einzelnen Schalen, Ober- und Untertassen u. dgl. zusammengekittet sind. Kein Winkel, wo nicht irgendeine Willkür hervorblickte. Sogar der unschätzbare Blick über die Vorgebirge ins Meer wird durch farbige Scheiben verkümmert, welche durch einen unwahren Ton die Gegend entweder verkälten oder entzünden. Eines Kabinetts muß ich noch erwähnen, welches aus alten vergoldeten, zusammengeschnittenen Rahmen aneinandergetäfelt ist. Alle die hundertfältigen Schnitzmuster, alle die verschiedenen Abstufungen einer ältern oder jüngern, mehr oder weniger bestaubten und beschädigten Vergoldung bedecken hier, hart aneinandergedrängt, die sämtlichen Wände und geben den Begriff von einem zerstückelten Trödel.

Die Kapelle zu beschreiben, wäre allein ein Heftchen nötig. Hier findet man den Aufschluß über den ganzen Wahnsinn, der nur in einem bigotten Geiste bis auf diesen Grad wuchern konnte. Wie manches Fratzenbild einer irregeleiteten Devotion sich hier befinden mag, geb ich zu vermuten, das Beste jedoch will ich nicht vorenthalten. Flach an der Decke nämlich ist ein geschnitztes Kruzifix von ziemlicher Größe befestigt, nach der Natur angemalt, lackiert mit untermischter Vergoldung. Dem Gekreuzigten in den Nabel ist ein Haken eingeschraubt, eine Kette aber, die davon herabhängt, befestigt sich in den Kopf eines kniend betenden, in der Luft schwebenden Mannes, der, angemalt und lackiert wie alle übrigen Bilder der Kirche, wohl ein Sinnbild der ununterbrochenen Andacht des Besitzers darstellen soll.

Übrigens ist der Palast nicht ausgebaut: ein großer, von dem Vater bunt und reich angelegter, aber doch nicht widerlich verzierter Saal war unvollendet geblieben; wie denn der grenzenlose Wahnsinn des Besitzers mit seinen Narrheiten nicht zu Rande kommen kann.

Kniepen, dessen Künstlersinn innerhalb dieses Tollhauses zur Verzweiflung getrieben wurde, sah ich zum erstenmal ungeduldig; er trieb mich fort, da ich mir die Elemente dieser Unschöpfung einzeln zu vergegenwärtigen und zu schematisieren suchte. Gutmütig genug zeichnete er zuletzt noch eine von den Zusammenstellungen, die einzige, die noch wenigstens eine Art von Bild gab. Sie stellt ein Pferdweib, auf einem Sessel sitzend, gegen einem unterwärts altmodisch gekleideten, mit Greifenkopf, Krone und großer Perücke gezierten Kavalier, Karte spielend, vor und erinnert an das nach aller Tollheit noch immer höchst merkwürdige Wappen des Hauses Pallagonia: ein Satyr hält einem Weib, das einen Pferdekopf hat, einen Spiegel vor.

[...]

Palermo, Donnerstag, den 12. April 1787

Heute am Abend ward mir noch ein Wunsch erfüllt, und zwar auf eigene Weise. Ich stand in der großen Straße auf den Schrittsteinen, an jenem Laden mit dem Kaufherrn scherzend; auf einmal tritt ein Laufer, groß, wohlgekleidet, an mich heran, einen silbernen Teller rasch vorhaltend, worauf mehrere Kupferpfennige, wenige Silberstücke lagen. Da ich nicht wußte, was es heißen solle, so zuckte ich, den Kopf duckend, die Achseln, das gewöhnliche Zeichen, wodurch man sich lossagt, man mag nun Antrag oder Frage nicht verstehen oder nicht wollen. Ebenso schnell als er gekommen, war er fort, und nun bemerkte ich auf der entgegengesetzten Seite der Straße seinen Kameraden in gleicher Beschäftigung.

Was das bedeute? fragte ich den Handelsmann, der mit bedenklicher Gebärde, gleichsam verstohlen, auf einen langen, hagern Herrn deutete, welcher in der Straßenmitte, hofmäßig gekleidet, anständig und gelassen über den Mist einherschritt. Frisiert und gepudert, den Hut unter dem Arm, in seidenem Gewande, den Degen an der Seite, ein nettes Fußwerk mit Steinschnallen geziert: so trat der Bejahrte ernst und ruhig einher; aller Augen waren auf ihn gerichtet.

»Dies ist der Prinz Pallagonia«, sagte der Händler, »welcher von Zeit zu Zeit durch die Stadt geht und für die in der Barbarei gefangenen Sklaven ein Lösegeld zusammenheischt. Zwar beträgt dieses Einsammeln niemals viel, aber der Gegenstand bleibt doch im Andenken, und oft vermachen diejenigen, welche bei Lebzeiten zurückhielten, schöne Summen zu solchem Zweck. Schon viele Jahre ist der Prinz Vorsteher dieser Anstalt und hat unendlich viel Gutes gestiftet!«

»Statt auf die Torheiten seines Landsitzes«, rief ich aus, »hätte er hierher jene großen Summen verwenden sollen. Kein Fürst in der Welt hätte mehr geleistet.«

Dagegen sagte der Kaufmann: »Sind wir doch alle so! Unsere Narrheiten bezahlen wir gar gerne selbst, zu unsern Tugenden sollen andere das Geld hergeben.«

Don Michele Odea
Der Gouverneur

Messina, Sonnabend, den 12. Mai 1787

Der Konsul, unter andern, sagte, daß es, wo nicht unumgänglich nötig, doch wohlgetan sei, dem Gouverneur aufzuwarten, der, ein wunderlicher alter Mann, nach Laune und Vorurteil ebensogut schaden als nutzen könne; dem Konsul werde es zu Gunsten gerechnet, wenn er bedeutende Fremde vorstelle, auch wisse der Ankömmling nie, ob er dieses Mannes auf eine oder andere Weise bedürfe. Dem Freunde zu Gefallen ging ich mit.

Ins Vorzimmer tretend, hörten wir drinne ganz entsetzlichen Lärm, ein Laufer mit Pulcinellgebärden raunte dem Konsul ins Ohr: »Böser Tag! gefährliche Stunde!« Doch traten wir hinein und fanden den uralten Gouverneur, uns den Rücken zugewandt, zunächst des Fensters an einem Tische sitzen. Große Haufen vergelbter alter Briefschaften lagen vor ihm, von denen er die unbeschriebenen Blätter mit größter Gelassenheit abschnitt und seinen haushältischen Charakter dadurch zu erkennen gab. Während dieser friedlichen Beschäftigung schalt und fluchte er fürchterlich auf einen anständigen Mann los, der seiner Kleidung nach mit Malta verwandt sein konnte und sich mit vieler Gemütsruhe und Präzision verteidigte, wozu ihm jedoch wenig Raum blieb. Der Gescholtene und Angeschriene suchte mit Fassung einen Verdacht abzulehnen, den der Gouverneur, so schien es, auf ihn als einen ohne Befugnis mehrmals An- und Abreisenden mochte geworfen haben, der Mann berief sich auf seine Pässe und bekannten Verhältnisse in Neapel. Dies aber half alles nichts, der Gouverneur zerschnitt seine alten Briefschaften, sonderte das weiße Papier sorgfältig und tobte fortwährend.

Außer uns beiden standen noch etwa zwölf Personen in einem weiten Kreise, dieses Tiergefechtes Zeugen, uns wahrscheinlich den Platz an der Türe beneidend, als gute Gelegenheit, wenn der Erzürnte allenfalls den Krückenstock erheben und dreinschlagen sollte. Die Gesichtszüge des Konsuls hatten sich bei dieser Szene merklich verlängert; mich tröstete des Laufers possenhafte Nähe, der, draußen vor der Schwelle, hinter mir allerlei Faxen schnitt, mich, wenn ich manchmal umblickte, zu beruhigen, als habe das soviel nicht zu bedeuten.

Auch entwirrte sich der gräßliche Handel noch ganz gelinde, der Gouverneur schloß damit: es halte ihn zwar nichts ab, den Betretenen einzustecken und in Verwahrung zappeln zu lassen, allein es möge diesmal hingehen, er solle die paar bestimmten Tage in Messina bleiben, alsdann aber sich fortpacken und niemals wiederkehren. Ganz ruhig, ohne die Miene zu verändern, beurlaubte sich der Mann, grüßte anständig die Versammlung und uns besonders, die er durchschneiden mußte, um zur Türe zu gelangen. Als der Gouverneur, ihm noch etwas nachzuschelten, sich ingrimmig umkehrte, erblickte er uns, faßte sich sogleich, winkte dem Konsul, und wir traten an ihn heran.

Ein Mann von sehr hohem Alter, gebückten Hauptes, unter grauen, struppigen Augenbrauen schwarze tiefliegende Blicke hervorsendend; nun ein ganz anderer als kurz zuvor. Er hieß mich zu sich sitzen, fragte, in seinem Geschäft ununterbrochen fortfahrend, nach mancherlei, worüber ich ihm Bescheid gab, zuletzt fügte er hinzu: ich sei, solange ich hier bliebe, zu seiner Tafel geladen. Der Konsul, zufrieden wie ich, ja noch zufriedener, weil er die Gefahr, der wir entronnen, besser kannte, flog die Treppe hinunter, und mir war alle Lust vergangen, dieser Löwenhöhle je wieder nah zu treten.

Messina, Sonntag, den 13. Mai 1787

Zwar bei hellstem Sonnenschein in einer angenehmern Wohnung erwachend, fanden wir uns doch immer in dem unseligen Messina. Einzig unangenehm ist der Anblick der sogenannten Palazzata, einer sichelförmigen Reihe von wahrhaften Palästen, die wohl in der Länge einer Viertelstunde die Reede einschließen und bezeichnen. Alles waren steinerne vierstockige Gebäude, von welchen mehrere Vorderseiten bis aufs Hauptgesims noch völlig stehen, andere bis auf den dritten, zweiten, ersten Stock heruntergebrochen sind; so daß diese ehemalige Prachtreihe nun aufs widerlichste zahnlückig erscheint und auch durchlöchert: denn der blaue Himmel schaut beinahe durch alle Fenster. Die inneren eigentlichen Wohnungen sind sämtlich zusammengestürzt.

An diesem seltsamen Phänomen ist Ursache, daß, nach der von Reichen begonnenen architektonischen Prachtanlage, weniger begüterte Nachbarn, mit dem Scheine wetteifernd, ihre alten, aus größern und kleinern Flußgeschieben und vielem Kalk zusammengekneteten Häuser hinter neuen, aus Quaderstücken aufgeführten Vorderseiten versteckten. Jenes an sich schon unsichere Gefüge mußte, von der ungeheuern Erschütterung aufgelöst und zerbröckelt, zusammenstürzen; wie man denn unter manchen bei so großem Unglück vorgekommenen wunderbaren Rettungen auch folgendes erzählt: Der Bewohner eines solchen Gebäudes sei im furchtbaren Augenblick gerade in die Mauervertiefung eines Fensters getreten, das Haus aber hinter ihm völlig zusammengestürzt, und so habe er, in der Höhe gerettet, den Augenblick seiner Befreiung aus diesem luftigen Kerker beruhigt abgewartet. Daß jene aus Mangel naher Bruchsteine so schlechte Bauart hauptsächlich schuld an dem völligen Ruin der Stadt gewesen, zeigt die Beharrlichkeit solider Gebäude. Der Jesuiten Kollegium und Kirche, von tüchtigen Quadern aufgeführt, stehen noch unverletzt in ihrer anfänglichen Tüchtigkeit. Dem sei aber, wie ihm wolle, Messinas Anblick ist äußerst verdrießlich und erinnert an die Urzeiten, wo Sikaner und Sikuler diesen unruhigen Erdboden verließen und die westliche Küste Siziliens bebauten.

Und so brachten wir unsern Morgen zu, gingen dann, im Gasthof ein frugales Mahl zu verzehren. Wir saßen noch ganz vergnügt beisammen, als der Bediente des Konsuls atemlos hereinsprang und mir verkündigte: der Gouverneur lasse mich in der ganzen Stadt suchen; er habe mich zur Tafel geladen, und nun bleibe ich aus. Der Konsul lasse mich aufs inständigste bitten, auf der Stelle hinzugehen, ich möchte gespeist haben oder nicht, möchte aus Vergessenheit oder aus Vorsatz die Stunde versäumt haben. Nun fühlte ich erst den unglaublichen Leichtsinn, womit ich die Einladung des Zyklopen aus dem Sinne geschlagen, froh, daß ich das erstemal entwischt. Der Bediente ließ mich nicht zaudern, seine Vorstellungen waren die dringendsten und triftigsten: der Konsul riskiere, hieß es, daß jener wütende Despot ihn und die ganze Nation auf den Kopf stelle.

Indessen ich nun Haare und Kleider zurechteputzte, faßte ich mir ein Herz und folgte mit heiterm Sinne meinem Führer, Odysseus, den Patron, anrufend und mir seine Vorsprache bei Pallas Athene erbittend.

In der Höhle des Löwen angelangt, ward ich vom lustigen Laufer in einen großen Speisesaal geführt, wo etwa vierzig Personen, ohne daß man einen Laut vernommen hätte, an einer länglichrunden Tafel saßen. Der Platz zur Rechten des Gouverneurs war offen, wohin mich der Laufer geleitete.

Nachdem ich den Hausherrn und die Gäste mit einer Verbeugung gegrüßt, setzte ich mich neben ihn, entschuldigte mein Außenbleiben mit der Weitläuftigkeit der Stadt und dem Irrtum, in welchen mich die ungewöhnliche Stundenzahl schon mehrmals geführt. Er versetzte mit glühendem Blick: man habe sich in fremden Landen nach den jedesmaligen Gewohnheiten zu erkundigen und zu richten. Ich erwiderte, dies sei jederzeit mein Bestreben, nur hätte ich gefunden, daß bei den besten Vorsätzen man gewöhnlich die ersten Tage, wo uns ein Ort noch neu und die Verhältnisse unbekannt seien, in gewisse Fehler verfalle, welche unverzeihlich scheinen müßten, wenn man nicht die Ermüdung der Reise, die Zerstreuung durch Gegenstände, die Sorge für ein leidliches Unterkommen, ja sogar für eine weitere Reise als Gründe der Entschuldigung möchte gelten lassen.

Er fragte darauf, wie lange ich hier zu bleiben gedächte. Ich versetzte, daß ich mir einen recht langen Aufenthalt wünsche, damit ich ihm die Dankbarkeit für die mir erwiesene Gunst durch die genaueste Befolgung seiner Befehle und Anordnungen betätigen könnte. Nach einer Pause fragte er sodann, was ich in Messina gesehen habe. Ich erzählte kürzlich meinen Morgen mit einigen Bemerkungen und fügte hinzu, daß ich am meisten bewundert die Reinlichkeit und Ordnung in den Straßen dieser zerstörten Stadt. Und wirklich war bewunderungswürdig, wie man die sämtlichen Straßen von Trümmern gereinigt, indem man den Schutt in die zerfallenen Mauerstätten selbst geworfen, die Steine dagegen an die Häuser angereiht und dadurch die Mitte der Straßen frei, dem Handel und Wandel offen wieder übergeben. Hiebei konnte ich dem Ehrenmanne mit der Wahrheit schmeicheln, indem ich ihm versicherte, daß alle Messineser dankbar erkennten, diese Wohltat seiner Vorsorge schuldig zu sein. »Erkennen sie es«, brummte er, »haben sie doch früher genug über die Härte geschrien, mit der man sie zu ihrem Vorteile nötigen mußte.« Ich sprach von weisen Absichten der Regierung, von höhern Zwecken, die erst später eingesehen und geschätzt werden könnten, und dergleichen. Er fragte, ob ich die Jesuitenkirche gesehen habe, welches ich verneinte; worauf er mir denn zusagte, daß er mir sie wolle zeigen lassen, und zwar mit allem Zubehör.

Während diesem durch wenige Pausen unterbrochenen Gespräche sah ich die übrige Gesellschaft in dem tiefsten Stillschweigen, nicht mehr sich bewegen als nötig, die Bissen zum Munde zu bringen. Und so standen sie, als die Tafel aufgehoben und der Kaffee gereicht war, wie Wachspuppen rings an den Wänden. Ich ging auf den Hausgeistlichen los, der mir die Kirche zeigen sollte, ihm zum voraus für seine Bemühungen zu danken; er wich zur Seite, indem er demütig versicherte, die Befehle Ihro Exzellenz habe er ganz allein vor Augen. Ich redete darauf einen jungen nebenstehenden Fremden an, dem es auch, ob er gleich ein Franzose war, nicht ganz wohl in seiner Haut zu sein schien; denn auch er war verstummt und erstarrt wie die ganze Gesellschaft, worunter ich mehrere Gesichter sah, die der gestrigen Szene mit dem Malteserritter bedenklich beigewohnt hatten.

Der Gouverneur entfernte sich, und nach einiger Zeit sagte mir der Geistliche, es sei nun an der Stunde zu gehen. Ich folgte ihm, die übrige Gesellschaft hatte sich stille, stille verloren. Er führte mich an das Portal der Jesuitenkirche, das, nach der bekannten Architektur dieser Väter, prunkhaft und wirklich imposant in die Luft steht. Ein Schließer kam uns schon entgegen und lud zum Eintritt, der Geistliche hingegen hielt mich zurück, mit der Weisung, daß wir zuvor auf den Gouverneur zu warten hätten. Dieser fuhr auch bald heran, hielt auf dem Platze unfern der Kirche und winkte, worauf wir drei ganz nah an seinem Kutschenschlag uns vereinigten. Er gebot dem Schließer, daß er mir nicht allein die Kirche in allen ihren Teilen zeigen, sondern auch die Geschichte der Altäre und anderer Stiftungen umständlich erzählen solle; ferner habe er auch die Sakristeien aufzuschließen und mich auf alles das darin enthaltene Merkwürdige aufmerksam zu machen. Ich sei ein Mann, den er ehren wolle, der alle Ursache haben solle, in seinem Vaterlande rühmlich von Messina zu sprechen. »Versäumen Sie nicht«, sagte er darauf, zu mir gewandt, mit einem Lächeln, insofern seine Züge dessen fähig waren, »versäumen Sie nicht, solange Sie hier sind, zur rechten Stunde an Tafel zu kommen, Sie sollen immer wohl empfangen sein.« Ich hatte kaum Zeit, ihm hierauf verehrlich zu erwidern. Der Wagen bewegte sich fort.

Von diesem Augenblick an ward auch der Geistliche heiterer, wir traten in die Kirche. Der Kastellan, wie man ihn wohl in diesem entgottesdiensteten Zauberpalaste nennen dürfte, schickte sich an, die ihm scharf empfohlene Pflicht zu erfüllen, als der Konsul und Kniep in das leere Heiligtum hereinstürzten, mich umarmten und eine leidenschaftliche Freude ausdrückten, mich, den sie schon in Gewahrsam geglaubt, wiederzusehen. Sie hatten in Höllenangst gesessen, bis der gewandte Laufer, wahrscheinlich vom Konsul gut pensioniert, einen glücklichen Ausgang des Abenteuers unter hundert Possen erzählte, worauf denn ein erheiternder Frohsinn sich über die beiden ergoß, die mich sogleich aufsuchten, als die Aufmerksamkeit des Gouverneurs wegen der Kirche ihnen bekannt geworden.

Indessen standen wir vor dem Hochaltare, die Auslegung alter Kostbarkeiten vernehmend. Säulen von Lapislazuli, durch bronzene, vergoldete Stäbe gleichsam kanneliert, nach florentinischer Art eingelegte Pilaster und Füllungen; die prächtigen sizilianischen Achate in Überfluß, Erz und Vergoldung sich wiederholend und alles verbindend.

Nun war es aber eine wunderbare kontrapunktische Fuge, wenn Kniep und der Konsul die Verlegenheit des Abenteuers, der Vorzeiger dagegen die Kostbarkeiten der noch wohl erhaltenen Pracht verschränkt vortrugen, beide von ihrem Gegenstand durchdrungen; wobei ich denn das doppelte Vergnügen hatte, den Wert meines glücklichen Entkommens zu fühlen und zugleich die sizilianischen Gebirgsprodukte, um die ich mir schon manche Mühe gegeben, architektonisch angewendet zu sehen.

Die genaue Kenntnis der einzelnen Teile, woraus dieser Prunk zusammengesetzt war, verhalf mir zur Entdeckung, daß der sogenannte Lapislazuli jener Säulen eigentlich nur Calcara sei, aber freilich von so schöner Farbe, als ich sie noch nicht gesehn, und herrlich zusammengefügt. Aber auch so blieben diese Säulen noch immer ehrwürdig; denn es setzt eine ungeheure Menge jenes Materials voraus, um Stücke von so schöner und gleicher Farbe aussuchen zu können, und dann ist die Bemühung des Schneidens, Schleifens und Polierens höchst bedeutend. Doch was war jenen Vätern unüberwindlich?

Der Konsul hatte indessen nicht aufgehört, mich über mein bedrohliches Schicksal aufzuklären. Der Gouverneur nämlich, mit sich selbst unzufrieden, daß ich von seinem gewaltsamen Betragen gegen den Quasi-Malteser gleich beim ersten Eintritt Zeuge gewesen, habe sich vorgenommen, mich besonders zu ehren, und sich darüber einen Plan festgesetzt, dieser habe durch mein Außenbleiben gleich zu Anfang der Ausführung einen Strich erlitten. Nach langem Warten sich endlich zur Tafel setzend, habe der Despot sein ungeduldiges Mißvergnügen nicht verbergen können, und die Gesellschaft sei in Furcht gestanden, entweder bei meinem Kommen oder nach aufgehobener Tafel eine Szene zu erleben.

Indessen suchte der Küster immer wieder das Wort zu erhaschen, öffnete die geheimen Räume, nach schönen Verhältnissen gebaut, anständig, ja prächtig verziert, auch war darin noch manches bewegliche Kirchengeräte übriggeblieben, dem Ganzen gemäß geformt und geputzt. Von edeln Metallen sah ich nichts, so wenig als von ältern und neuern echten Kunstwerken.

Unsere italienisch-deutsche Fuge, denn Pater und Küster psalmodierten in der ersten, Kniep und Konsul in der zweiten Sprache, neigte sich zu Ende, als ein Offizier sich zu uns gesellte, den ich bei Tafel gesehen. Er gehörte zum Gefolge des Gouverneurs. Dies konnte wieder einige Besorgnis erregen, besonders da er sich erbot, mich an den Hafen zu führen, wo er mich an Punkte bringen wolle, die Fremden sonst unzugänglich seien. Meine Freunde sahen sich an, ich ließ mich jedoch nicht abhalten, allein mit ihm zu gehen. Nach einigen gleichgültigen Gesprächen begann ich ihn zutraulich anzureden und gestand: bei Tafel gar wohl bemerkt zu haben, daß mehrere stille Beisitzer mir durch ein freundliches Zeichen zu verstehen gegeben, daß ich nicht unter weltfremden Menschen allein, sondern unter Freunden, ja Brüdern mich befinde und deshalb nichts zu besorgen habe. Ich halte für Pflicht, ihm zu danken und um Erstattung gleichen Danks an die übrigen Freunde zu ersuchen. Hierauf erwiderte derselbe: daß sie mich um so mehr zu beruhigen gesucht, als sie bei Kenntnis der Gemütsart ihres Vorgesetzten für mich eigentlich nichts befürchtet hätten; denn eine Explosion wie die gegen den Malteser sei nur selten, und gerade wegen einer solchen mache sich der würdige Greis selbst Vorwürfe, hüte sich lange, lebe dann eine Weile in einer sorglosen Sicherheit seiner Pflicht, bis er denn endlich, durch einen unerwarteten Vorfall überrascht, wieder zu neuen Heftigkeiten hingerissen werde. Der wackere Freund setzte hinzu, daß ihm und seinen Genossen nichts wünschenswerter wäre, als mit mir sich genauer zu verbinden, weshalb ich die Gefälligkeit haben möchte, mich näher zu bezeichnen, wozu sich heute nacht die beste Gelegenheit finden werde. Ich wich diesem Verlangen höflich aus, indem ich ihn bat, mir eine Grille zu verzeihen: ich wünsche nämlich auf Reisen bloß als Mensch angesehen zu werden, könne ich als ein solcher Vertrauen erregen und Teilnahme erlangen, so sei es mir angenehm und erwünscht; in andere Verhältnisse einzugehen, verböten mir mancherlei Gründe.

Überzeugen wollt ich ihn nicht, denn ich durfte ja nicht sagen, was eigentlich mein Grund war. Merkwürdig genug aber schien mir's, wie schön und unschuldig die wohldenkenden Männer unter einem despotischen Regiment sich zu eignem und zu der Fremdlinge Schutz verbündet hatten. Ich verhehlte ihm nicht, daß ich ihre Verhältnisse zu andern deutschen Reisenden recht wohl kenne, verbreitete mich über die löblichen Zwecke, die erreicht werden sollten, und setzte ihn immer mehr in Erstaunen über meine vertrauliche Hartnäckigkeit. Er versuchte alles mögliche, mich aus meinem Inkognito hervorzuziehen, welches ihm nicht gelang, teils, weil ich, einer Gefahr entronnen, mich nicht zwecklos in eine andere begeben konnte, teils, weil ich gar wohl bemerkte, die Ansichten dieser wackern Insulaner seien von den meinigen so sehr verschieden, daß ihnen mein näherer Umgang weder Freude noch Trost bringen könne.

Dagegen wurden abends mit dem teilnehmenden und tätigen Konsul noch einige Stunden verbracht, der denn auch die Szene mit dem Malteser aufklärte. Es sei dieser zwar kein eigentlicher Abenteurer, aber ein unruhiger Ortwechsler. Der Gouverneur, aus einer großen Familie, wegen Ernst und Tüchtigkeit verehrt, wegen bedeutender Dienste geschätzt, stehe doch im Rufe unbegrenzten Eigenwillens, zaumloser Heftigkeit und ehernen Starrsinns. Argwöhnisch als Greis und Despot, mehr besorgt als überzeugt, daß er Feinde bei Hofe habe, hasse er solche hin und wider ziehende Figuren, die er durchaus für Spione halte. Diesmal sei ihm der Rotrock in die Quer gekommen, da er nach einer ziemlichen Pause sich wieder einmal im Zorn habe ergehen müssen, um die Leber zu befreien.

Messina und auf der See, Montag, den 13. Mai 1787

Beide wir erwachten mit gleicher Empfindung, verdrießlich, daß wir, durch den ersten wüsten Anblick von Messina zur Ungeduld gereizt, uns entschlossen hatten, mit dem französischen Kauffahrer die Rückfahrt abzuschließen. Nach dem glücklich beendigten Abenteuer mit dem Gouverneur, bei dem Verhältnis zu wackern Männern, denen ich mich nur näher zu bezeichnen brauchte, aus dem Besuch bei meinem Bankier, der auf dem Lande in der angenehmsten Gegend wohnte, ließ sich für einen längern Aufenthalt in Messina das Angenehmste hoffen. Kniep, von ein paar hübschen Kindern wohl unterhalten, wünschte nichts mehr als die längere Dauer des sonst verhaßten Gegenwindes. Indessen war die Lage unangenehm, alles mußte gepackt bleiben und wir jeden Augenblick bereit sein zu scheiden.

So geschah denn auch dieser Aufruf gegen Mittag, wir eilten an Bord und fanden unter der am Ufer versammelten Menge auch unsern guten Konsul, von dem wir dankbar Abschied nahmen. Der gelbe Laufer drängte sich auch herbei, seine Ergötzlichkeiten abzuholen. Dieser ward nun belohnt und beauftragt, seinem Herrn unsere Abreise zu melden und mein Außenbleiben von Tafel zu entschuldigen. »Wer absegelt, ist entschuldigt!« rief er aus, sodann, mit einem seltsamen Sprung sich umkehrend, war er verschwunden.

Madame de Staël

Die Literatin

Madame de Staël
Bleistiftzeichnung von Jean-Baptiste Isabey
(Bibliothèque Nationale)

[1803]

Frau *von Staël* kam anfangs Dezember in Weimar an, als ich noch in Jena mit dem Programm beschäftigt war. Was mir Schiller über sie am 21. Dezember schrieb, diente, auf einmal über das wechselseitige, aus ihrer Gegenwart sich entwickelnde Verhältnis aufzuklären:

»Frau *von Staël* wird Ihnen völlig so erscheinen, wie Sie sie sich a priori schon konstruiert haben werden; es ist alles aus *einem* Stück und kein fremder, falscher und pathologischer Zug in ihr. Dies macht, daß man sich trotz des immensen Abstands der Naturen und Denkweisen vollkommen wohl bei ihr befindet, daß man alles von ihr hören, ihr alles sagen mag. Die französische Geistesbildung stellt sie rein und in einem höchst interessanten Lichte dar. In allem, was wir Philosophie nennen, folglich in allen letzten und höchsten Instanzen, ist man mit ihr im Streit und bleibt es trotz alles Redens. Aber ihr Naturell und Gefühl ist besser als ihre Metaphysik, und ihr schöner Verstand erhebt sich zu einem genialischen Vermögen. Sie will alles erklären, einsehen, ausmessen, sie statuiert nichts Dunkles, Unzugängliches, und wohin sie nicht mit ihrer Fackel leuchten kann, da ist nichts für sie vorhanden. Darum hat sie eine horrible Scheu vor der Idealphilosophie, welche nach ihrer Meinung zur Mystik und zum Aberglauben führt, und das ist die Stickluft, wo sie umkommt. Für das, was wir Poesie nennen, ist kein Sinn in ihr, sie kann sich von solchen Werken nur das Leidenschaftliche, Rednerische und Allgemeine zueignen, aber sie wird nichts Falsches schätzen, nur das Rechte nicht immer erkennen. Sie ersehen aus diesen paar Worten, daß die Klarheit, Entschiedenheit und geistreiche Lebhaftigkeit ihrer Natur nicht anders als wohltätig wirken können. Das einzige Lästige ist die ganz ungewöhnliche Fertigkeit ihrer Zunge, man muß sich ganz in ein Gehörorgan verwandeln, um ihr folgen zu können. Da sogar ich, bei meiner wenigen Fertigkeit im Französischreden, ganz leidlich mit ihr fortkomme, so werden Sie, bei Ihrer größern Übung, eine sehr leichte Kommunikation mit ihr haben.«

Da ich mich von Jena, ohne mein Geschäft abgeschlossen zu haben, nicht entfernen konnte, so gelangten noch gar mancherlei Schilderungen und Nachrichten zu mir, wie Frau von Staël sich benehme und genommen werde, und ich konnte mir ziemlich die Rolle vorschreiben, welche ich zu spielen hätte. Doch sollte das alles ganz anders werden, wie in dem nächsten Jahr, wohin wir hinübergehen, zu melden ist.

[1804]

Der Winter hatte sich mit aller Gewalt eingefunden, die Wege waren verschneit, auf der Schnecke kein Fortkommen. Frau von Staël kündigte sich immer dringender an, mein Geschäft war vollendet, und ich entschloß mich in mancherlei Betracht, nach Weimar zu gehen. Aber auch diesmal fühlt ich die Schädlichkeit des Winteraufenthaltes im Schlosse. Die so teure

Erfahrung von 1801 hatte mich nicht aufmerksam, nicht klüger gemacht; ich kehrte mit einem starken Katarrh zurück, der, ohne gefährlich zu sein, mich einige Tage im Bette und sodann wochenlang in der Stube hielt. Dadurch ward mir nun ein Teil des Aufenthalts dieser seltenen Frau historisch, indem ich, was in der Gesellschaft vorging, von Freunden berichtlich vernahm, und so mußte denn auch die Unterhaltung erst durch Billette, dann durch Zwiegespräche, später in dem kleinsten Zirkel stattfinden: vielleicht die günstigste Weise, wie ich sie kennenlernen und mich ihr, insofern dies möglich war, auch mitteilen konnte.

Mit entschiedenem Andrang verfolgte sie ihre Absicht, unsere Zustände kennenzulernen, sie ihren Begriffen ein- und unterzuordnen, sich nach dem einzelnen soviel als möglich zu erkundigen, als Weltfrau sich die geselligen Verhältnisse klarzumachen, in ihrer geistreichen Weiblichkeit die allgemeineren Vorstellungsarten, und was man Philosophie nennt, zu durchdringen und zu durchschauen. Ob ich nun gleich gar keine Ursache hatte, mich gegen sie zu verstellen, wiewohl ich, auch wenn ich mich gehenlasse, doch immer von den Leuten nicht recht gefaßt werde, so trat doch hier ein äußerer Umstand ein, der mich für den Augenblick scheu machte. Ich erhielt soeben ein erst herausgekommenes französisches Buch, die Korrespondenz von ein paar Frauenzimmern mit Rousseau enthaltend. Sie hatten den unzugänglichen, scheuen Mann ganz eigentlich mystifiziert, indem sie ihn erst durch kleine Angelegenheiten zu interessieren, zu einem Briefwechsel mit ihnen anzulocken gewußt, den sie, nachdem sie den Scherz genug hatten, zusammenstellen und drucken ließen.

Hierüber gab ich mein Mißfallen an Frau von Staël zu erkennen, welche die Sache leicht nahm, sogar zu billigen schien und nicht undeutlich zu verstehen gab: sie denke ungefähr gleicherweise mit uns zu verfahren. Weiter bedurft es nichts, um mich aufmerksam und vorsichtig zu machen, mich einigermaßen zu verschließen.

Die großen Vorzüge dieser hoch denkenden und empfindenden Schriftstellerin liegen jedermann vor Augen, und die Resultate ihrer Reise durch Deutschland zeigen genugsam, wie wohl sie ihre Zeit angewendet.

Ihre Zwecke waren vielfach: Sie wollte das sittliche, gesellige, literarische Weimar kennenlernen und sich über alles genau unterrichten; dann aber wollte auch sie gekannt sein und suchte daher ihre Ansichten ebenso geltend zu machen, als es ihr darum zu tun schien, unsre Denkweise zu erforschen. Allein dabei konnte sie es nicht lassen; auch wirken wollte sie auf die Sinne, aufs Gefühl, auf den Geist, sie wollte zu einer gewissen Tätigkeit aufregen, deren Mangel sie uns vorwarf.

Da sie keinen Begriff hatte von dem, was Pflicht heißt, und zu welcher stillen, gefaßten Lage sich derjenige, der sie übernimmt, entschließen muß, so sollte immerfort eingegriffen, augenblicklich gewirkt sowie in der Gesellschaft immer gesprochen und verhandelt werden.

Die Weimaraner sind gewiß eines Enthusiasmus fähig, vielleicht gelegentlich auch eines falschen, aber das französische Auflodern ließ sich nicht von ihnen erwarten, am wenigsten zu einer Zeit, wo die französische Übergewalt so allseitig drohte und stillkluge Menschen das unausweichliche Unheil voraussahen, das uns im nächsten Jahre an den Rand der Vernichtung führen sollte.

Auch vorlesend und deklamierend wollte Frau von Staël sich Kränze erwerben. Ich entschuldigte mich von einem Abend, wo sie »Phädra« vortrug und wo ihr der mäßige deutsche Beifall keineswegs genugtat.

Philosophieren in der Gesellschaft heißt, sich über unauflösliche Probleme lebhaft unterhalten. Dies war ihre eigentliche Lust und Leidenschaft. Natürlicherweise trieb sie es in Reden und Wechselreden gewöhnlich bis zu denen Angelegenheiten des Denkens und Empfindens, die eigentlich nur zwischen Gott und dem Einzelnen zur Sprache kommen sollten. Dabei hatte sie, als Frau und Französin, immer die Art, auf Hauptstellen positiv zu verharren und eigentlich nicht genau zu hören, was der andere sagte.

Durch alles dieses war der böse Genius in mir aufgeregt, daß ich nicht anders als widersprechend dialektisch und problematisch alles Vorkommende behandelte und sie durch hartnäckige Gegensätze oft zur Verzweiflung brachte, wo sie aber erst recht liebenswürdig war und ihre Gewandtheit im Denken und Erwidern auf die glänzendste Weise dartat.

Noch hatte ich mehrmals unter vier Augen folgerechte Gespräche mit ihr, wobei sie jedoch auch nach ihrer Weise lästig war, indem sie über die bedeutendsten Vorkommenheiten nicht einen Augenblick stilles Nachdenken erlaubte, sondern leidenschaftlich verlangte, man solle bei dringenden Angelegenheiten, bei den wichtigsten Gegenständen ebenso schnell bei der Hand sein, als wenn man einen Federball aufzufangen hätte.

Ein Geschichtchen statt vieler möge hier Platz nehmen: Frau von Staël trat einen Abend vor der Hofzeit bei mir ein und sagte gleich zum Willkommen mit heftiger Lebhaftigkeit: »Ich habe Euch eine wichtige Nachricht anzukündigen: Moreau ist arretiert mit einigen andern und des Verrats gegen den Tyrannen angeklagt.« – Ich hatte seit langer Zeit, wie jedermann, an der Persönlichkeit des Edlen teilgenommen und war seinem Tun und Handeln gefolgt; ich rief im stillen mir das Vergangene zurück, um, nach meiner Art, daran das Gegenwärtige zu prüfen und das Künftige daraus zu schließen oder doch wenigstens zu ahnen. Die Dame veränderte das Gespräch, dasselbe wie gewöhnlich auf mannigfach gleichgültige Dinge führend, und als ich, in meinem Grübeln verharrend, ihr nicht sogleich gesprächig zu erwidern wußte, erneuerte sie die schon oft vernommenen Vorwürfe: ich sei diesen Abend wieder einmal, gewohnterweise, maussade und keine heitere Unterhaltung bei mir zu finden. – Ich ward wirklich im Ernst böse, versicherte, sie sei keines wahren Anteils fähig; sie falle mit der Tür ins Haus, betäube mich mit einem derben Schlag und verlange sodann, man solle alsobald sein Liedchen pfeifen und von einem Gegenstand zum andern hüpfen.

Dergleichen Äußerungen waren recht in ihrem Sinn, sie wollte Leidenschaft erregen, gleichviel welche. Um mich zu versöhnen, sprach sie die Momente des gedachten wichtigen Unfalls gründlich durch und bewies dabei große Einsicht in die Lage der Dinge wie in die Charaktere.

Ein anderes Geschichtchen bezeugt gleichfalls, wie heiter und leicht mit ihr zu leben war, wenn man es auf ihre Weise nahm. An einem personenreichen Abendessen bei Herzogin Amalie saß ich weit von ihr und war eben auch für diesmal still und mehr nachdenklich. Meine Nachbarschaft verwies es mir, und es gab eine kleine Bewegung, deren Ursache endlich bis zu den höhern Personen hinaufreichte. Frau von Staël vernahm die Anklage meines Schweigens, äußerte sich darüber wie gewöhnlich und fügte hinzu: »Überhaupt mag ich Goethe nicht, wenn er nicht eine Bouteille Champagner getrunken hat.« Ich sagte darauf halblaut, so daß es nur meine Nächsten vernehmen konnten: »Da müssen wir uns denn doch schon manchmal zusammen bespitzt haben.« Ein mäßiges Gelächter entstand darauf; sie wollte den Anlaß erfahren, niemand konnte und mochte meine Worte im eigentlichsten Sinne französisch wiedergeben, bis endlich *Benjamin Constant*, auch ein Nahsitzender, auf ihr anhaltendes Fordern und Drängen, um die Sache abzuschließen, es unternahm, ihr mit einer euphemistischen Phrase genugzutun.

Was man jedoch von solchen Verhältnissen hinterher denken und sagen mag, so ist immer zu bekennen, daß sie von großer Bedeutung und Einfluß auf die Folge gewesen. Jenes Werk über Deutschland, welches seinen Ursprung dergleichen geselligen Unterhaltungen verdankte, ist als ein mächtiges Rüstzeug anzusehen, das in die Chinesische Mauer antiquierter Vorurteile, die uns von Frankreich trennte, sogleich eine breite Lücke durchbrach, so daß man über dem Rhein und, in Gefolg dessen, über dem Kanal endlich von uns nähere Kenntnis nahm, wodurch wir nicht anders als lebendigen Einfluß auf den fernern Westen zu gewinnen hatten. Segnen wollen wir also jenes Unbequeme und den Konflikt nationeller Eigentümlichkeiten, die uns damals ungelegen kamen und keineswegs förderlich erscheinen wollten.

Ebenso hätten wir dankbar der Gegenwart Herrn Benjamin Constant zu gedenken.

Gottfried Christoph Beireis

Der Universalgelehrte

Gottfried Christoph Beireis
Anonymes Ölgemälde, o. D. (um 1800)
Privatbesitz

[1805]

Dr. Gall war abgegangen und besuchte Göttingen, wir aber wurden durch die Aussicht eines eigenen Abenteuers angezogen. Der wunderliche, in manchem Sinne viele Jahre durch schon bekannte problematische Mann, Hofrat *Beireis* in Helmstedt, war mir schon so oft genannt, seine Umgebung, sein merkwürdiger Besitz, sein sonderbares Betragen sowie das Geheimnis, das über allem diesem waltete, hatte schon längst auf mich und meine Freunde beunruhigend gewirkt, und man mußte sich schelten, daß man eine so einzig merkwürdige Persönlichkeit, die auf eine frühere, vorübergehende Epoche hindeutete, nicht mit Augen gesehen, nicht im Umgang einigermaßen erforscht habe. Professor Wolf war in demselbigen Falle, und wir beschlossen, da wir den Mann zu Hause wußten, eine Fahrt nach ihm, der wie ein geheimnisvoller Greif über außerordentlichen und kaum denkbaren Schätzen waltete. Mein humoristischer Reisegefährte erlaubte gern, daß mein vierzehnjähriger Sohn August teil an dieser Fahrt nehmen durfte, und dieses geriet zur besten geselligen Erheiterung; denn indem der tüchtige, gelehrte Mann den Knaben unausgesetzt zu necken sich zum Geschäft machte, so durfte dieser des Rechts der Notwehr, welche denn auch, wenn sie gelingen soll, offensiv verfahren muß, sich zu bedienen und wie der Angreifende auch wohl manchmal die Grenze überschreiten zu können glauben, wobei sich denn wohl mitunter die wörtlichen Neckereien in Kitzeln und Balgen zu allgemeiner Heiterkeit, obgleich im Wagen etwas unbequem, zu steigern pflegten. Nun machten wir halt in Bernburg, wo der würdige Freund gewisse Eigenheiten in Kauf und Tausch nicht unterließ, welche der junge, lose Vogel, auf alle Handlungen seines Gegners gespannt, zu bemerken, hervorzuheben und zu bescherzen nicht ermangelte.

Der ebenso treffliche als wunderliche Mann hatte auf alle Zöllner einen entschiedenen Haß geworfen und konnte sie, selbst wenn sie ruhig und mit Nachsicht verfuhren, ja wohl eben deshalb, nicht ungehudelt lassen, woraus denn unangenehme Begebenheiten beinahe entstanden wären.

Da nun aber auch dergleichen Abneigungen und Eigenheiten uns in Magdeburg vom Besuch einiger verdienten Männer abhielten, so beschäftigte ich mich vorzüglich mit den Altertümern des Doms, betrachtete die plastischen Monumente, vorzüglich die Grabmäler. Ich spreche nur von drei bronzenen derselben, welche für drei Erzbischöfe von Magdeburg errichtet waren. Adelbert II., nach 1403, steif und starr, aber sorgfältig und einigermaßen natürlich, unter Lebensgröße. Friedrich, nach 1464, über Lebensgröße, natur- und kunstgemäßer. Ernst, mit der Jahrzahl 1499, ein unschätzbares Denkmal von Peter Vischer, das wenigen zu vergleichen ist. Hieran konnte ich mich nicht genug erfreuen: denn wer einmal, auf die Zunahme der Kunst, auf deren Abnahme, Ausweichen zur Seite, Rückkehr in den rechten Weg, Herrschaft einer Hauptepoche, Einwirkung der Individualitäten gerichtet, Aug und Sinn darnach gebildet hat, der findet kein Zwiegespräch belehrender und unterhaltender als das schweigsame in einer Folge von solchen Monumenten. Ich verzeichnete meine Bemerkungen sowohl zur Übung als Erinnerung und finde die Blätter noch mit Vergnügen unter meinen Papieren; doch wünschte ich nichts mehr in diesen Stunden, als daß eine genaue Nachbildung, besonders des herrlichen Vischerschen Monuments, vorhanden sein möge. (Ist späterhin lobenswürdig mitgeteilt worden.)

Stadt, Festung und, von den Wällen aus, die Umgegend ward mit Aufmerksamkeit und Teilnahme betrachtet; besonders verweilte mein Blick lange auf der großen Baumgruppe, welche nicht allzu fern, die Fläche zu zieren, ehrwürdig dastand. Sie beschattete Kloster Berge, einen Ort, der mancherlei Erinnerungen aufrief. Dort hatte *Wieland* in allen konzentrierten jugendlichen Zartgefühlen gewandelt, zu höherer literarischen Bildung den Grund gelegt; dort wirkte Abt *Steinmetz* in frommem Sinne, vielleicht einseitig, doch redlich und kräftig. Und wohl bedarf die Welt in ihrer unfrommen Einseitigkeit auch solcher Licht- und Wärmequellen, um nicht durchaus im egoistischen Irrsale zu erfrieren und zu verdursten.

Bei wiederholten Besuchen des Doms bemerkten wir einen lebhaften Franzosen in geistlicher Kleidung, der, von dem Küster umhergeführt, sich mit seinen Gefährten sehr laut unterhielt, indessen wir als Eingewohnte unsere stillen Zwecke verfolgten. Wir erfuhren, es sei der Abbé *Grégoire*, und ob ich gleich sehr neugierig war, mich ihm zu nähern und eine Bekanntschaft anzuknüpfen, so wollte doch mein Freund, aus Abneigung gegen den Gallier, nicht einwilligen, und wir begnügten uns, in einiger Ferne beschäftigt, sein

Betragen genauer zu bemerken und seine Urteile, die er laut aussprach, zu vernehmen.

Wir verfolgten unsern Weg, und da der Übergang aus einer Flußregion in die andere immer der Hauptaugenmerk mein, des Geognosten, war, so fielen mir die Sandsteinhöhen auf, die nun, statt nach der Elbe, nach der Weser hindeuteten. Helmstedt selbst liegt ganz freundlich, der Sand ist dort, wo ein geringes Wasser fließt, durch Gärten und sonst anmutige Umgebung gebändigt. Wer nicht gerade den Begriff einer lebhaften deutschen Akademie mitbringt, der wird angenehm überrascht sein, in einer solchen Lage eine ältere, beschränkte Studienanstalt zu finden, wo auf dem Fundament eines frühern Klosterwesens Lehrstühle späterer Art gegründet worden, wo gute Pfründen einen behaglichen Sitz darbieten, wo altväumliche Gebäude einem anständigen Haushalt, bedeutenden Bibliotheken, ansehnlichen Kabinetten hinreichenden Platz gewähren und eine stille Tätigkeit desto emsiger schriftstellerisch wirken kann, als eine geringe Versammlung von Studierenden nicht jene Hast der Überlieferung fordert, die uns auf besuchten Akademien nur übertäubt.

Das Personal der Lehrer war auf alle Weise bedeutend; ich darf nur die Namen *Henke, Pott, Lichtenstein, Crell, Brown* [*Bruns*] und *Bredow* nennen, so weiß jedermann den damaligen Zirkel zu schätzen, in welchem die Reisenden sich befanden. Gründliche Gelehrsamkeit, willige Mitteilungen, durch immer nachwachsende Jugend erhaltene Heiterkeit des Umgangs, frohe Behaglichkeit bei ernsten und zweckmäßigen Beschäftigungen, das alles wirkte so schon ineinander, wozu noch die Frauen mitwirkten, ältere durch gastfreie

Häuslichkeit, jüngere Gattinnen mit Anmut, Töchter in aller Liebenswürdigkeit, sämtlich nur einer allgemeinen einzigen Familie anzugehören scheinend. Eben die großen Räume altherkömmlicher Häuser erlaubten zahlreiche Gastmahle und die besuchtesten Feste.

Bei einem derselben zeigte sich auch der Unterschied zwischen mir und meinem Freunde. Am Ende einer reichlichen Abendtafel hatte man uns beiden zwei schön geflochtene Kränze zugedacht; ich hatte dem schönen Kinde, das mir ihn aufsetzte, mit einem lebhaft erwiderten Kuß gedankt und mich eitel genug gefreut, als ich in ihren Augen das Bekenntnis zu lesen schien, daß ich ihr so geschmückt nicht mißfalle. Indessen sträubte sich mir gegenüber der eigensinnige Gast gegen seine lebensmutige Gönnerin gar widerspenstig, und wenn auch der Kranz unter solchem Ziehen und Zerren nicht ganz entstellt wurde, so mußte doch das liebe Kind sich einigermaßen beschämt zurückziehen, daß sie ihn nicht losgeworden war.

Über so vieles Anmutige hätten wir nun fast den Zweck vergessen können, der uns eigentlich hieher geführt hatte; allein *Beireis* belebte durch seine heitere Gegenwart jedes Fest. Nicht groß, wohl und beweglich gebaut, konnte man eben die Legenden seiner Fechterkünste gelten lassen; eine unglaublich hohe und gewölbte Stirn, ganz in Mißverhältnis der untern, fein zusammengezogenen Teile, deutete auf einen Mann von besondern Geisteskräften, und in so hohen Jahren konnt er sich fürwahr einer besonders muntern und ungeheuchelten Tätigkeit erfreuen.

In Gesellschaften, besonders aber bei Tische, gab er seiner Galanterie die ganz eigene Wendung, daß er sich als ehemaliger Verehrer der Mutter, als jetziger

Freier der Tochter oder Nichte ungezwungen darzustellen wußte, und man ließ sich dieses oft wiederholte Märchen gern gefallen, weil zwar niemand auf den Besitz seiner Hand, wohl aber mancher gern auf einen Anteil an seinem Nachlaß Anspruch gemacht hätte.

Angemeldet wie wir waren, bot er uns alle Gastfreundschaft an: Eine Aufnahme in sein Haus lehnten wir ab, dankbar aber ließen wir uns einen großen Teil des Tags bei ihm unter seinen Merkwürdigkeiten gefallen.

Gar manches von seinen früheren Besitzungen, das sich dem Namen und dem Ruhme nach noch lebendig erhalten hatte, war in den jämmerlichsten Umständen; die Vaucansonischen Automaten fanden wir durchaus paralysiert. In einem alten Gartenhause saß der Flötenspieler in sehr unscheinbaren Kleidern; aber er flötete nicht mehr, und Beireis zeigte die ursprüngliche Walze vor, deren erste einfache Stückchen ihm nicht genügt hatten. Dagegen ließ er eine zweite Walze sehen, die er von jahrelang im Hause unterhaltenen Orgelkünstlern unternehmen lassen, welche aber, da jene zu früh geschieden, nicht vollendet noch an die Stelle gesetzt werden können, weshalb denn der Flötenspieler gleich anfangs verstummte. Die Ente, unbefiedert, stand als Gerippe da, fraß den Haber noch ganz munter, verdaute jedoch nicht mehr. An allem dem ward er aber keineswegs irre, sondern sprach von diesen veralteten, halbzerstörten Dingen mit solchem Behagen und so wichtigem Ausdruck, als wenn seit jener Zeit die höhere Mechanik nichts frisches Bedeutenderes hervorgebracht hätte.

In einem großen Saale, der Naturgeschichte gewidmet, wurde gleichfalls die Bemerkung rege, daß alles, was sich selbst erhält, bei ihm gut aufgehoben sei. So zeigte er einen sehr kleinen Magnetstein vor, der ein großes Gewicht trug, einen echten Prehniten vom Kap von größter Schönheit und sonstige Mineralien in vorzüglichen Exemplaren.

Aber eine in der Mitte des Saals gedrängt stehende Reihe ausgestopfter Vögel zerfielen unmittelbar durch Mottenfraß, so daß Gewürm und Federn auf den Gestellen selbst aufgehäuft lagen. Er bemerkte dies auch und versicherte, es sei eine Kriegslist: denn alle Motten des Hauses zögen sich hieher, und die übrigen Zimmer blieben von diesem Geschmeiße rein. In geordneter Folge kamen denn nach und nach die sieben Wunder von Helmstedt zutage, die Lieberkühnischen Präparate sowie die Hahnische Rechenmaschine. Von jenen wurden einige wirklich bewundernswürdige Beispiele vorgewiesen, an dieser komplizierte Exempel einiger Spezies durchgeführt. Das magische Orakel jedoch war verstummt; Beireis hatte geschworen, die gehorsame Uhr nicht wieder aufzuziehn, die auf seine, des Entferntstehenden, Befehle bald stillhielt, bald fortging. Ein Offizier, den man wegen Erzählung solcher Wunder Lügen gestraft, sei im Duell erstochen worden, und seit der Zeit habe er sich fest vorgenommen, seine Bewunderer nie solcher Gefahr wieder auszusetzen noch die Ungläubigen zu so übereilten Greueltaten zu veranlassen.

Nach dem bisher Erzählten darf man nun wohl sich einige Bemerkungen erlauben. Beireis, im Jahre 1730 geboren, fühlte sich als trefflicher Kopf eines weit umfassenden Wissens fähig und zu vielseitiger Ausübung geschickt. Den Anregungen seiner Zeit zufolge bildete er sich zum Polyhistor; seine Tätigkeit widmete er der

Heilkunde, aber bei dem glücklichsten, alles festhaltenden Gedächtnis konnte er sich anmaßen, in den sämtlichen Fakultäten zu Hause zu sein, jeden Lehrstuhl mit Ehre zu betreten. Seine Unterschrift in meines Sohnes Stammbuch lautet folgendermaßen:

Godofredus Christophorus Beireis,
Primarius Professor Medicinae, Chemiae, Chirurgiae,
Pharmaceutices, Physices, Botanices
et reliquae Historiae naturalis.
Helmstadii a. d. XVII Augusti MDCCCV.

Aus dem bisher Vorgezeigten jedoch ließ sich einsehen, daß seine Sammlungen, dem naturhistorischen Teile nach, einen eigentlichen Zweck haben konnten, daß hingegen das, worauf er den meisten Wert legte, eigentlich Kuriositäten waren, die durch den hohen Kaufpreis Aufmerksamkeit und Bewunderung erregen sollten; wobei denn nicht vergessen wurde, daß bei Ankauf desselben Kaiser und Könige überboten worden.

Dem sei nun, wie ihm wolle, ansehnliche Summen mußten ihm zu Gebote stehn; denn er hatte, wie man wohl bemerken konnte, ebensosehr eine gelegene Zeit zu solchen Ankäufen abgewartet als auch, mehr denn andere vielleicht, sich sogleich zahlungsfähig erwiesen. Obgenannte Gegenstände zeigte er zwar mit Anteil und Behagen umständlich vor, allein die Freude daran schien selbst gewissermaßen nur historisch zu sein; wo er sich aber lebhaft, leidenschaftlich überredend und zudringlich bewies, war bei Vorzeigen seiner Gemälde, seiner neuesten Liebhaberei, in die er sich ohne die mindeste Kenntnis eingelassen hatte. Bis ins Unbegreifliche ging der Grad, womit er sich hierüber getäuscht hatte oder uns zu täuschen suchte, da er denn doch auch vor allen Dingen gewisse Kuriosa vorzustellen pflegte. Hier war ein Christus, bei dessen Anblick ein Göttinger Professor in den bittersten Tränenguß sollte ausgebrochen sein, sogleich darauf ein von einer englischen Dogge angebelltes, natürlich genug gemaltes Brot auf dem Tische der Jünger zu Emmaus, ein anderes aus dem Feuer wunderwürdig gerettetes Heiligenbild, und was dergleichen mehr sein mochte.

Die Art, seine Bilder vorzuweisen, war seltsam genug und schien gewissermaßen absichtlich; sie hingen nämlich nicht etwa an den hellen, breiten Wänden seiner oberen Stockwerke wohlgenießbar nebeneinander, sie standen vielmehr in seinem Schlafzimmer um das große Thronhimmelbette, an den Wänden geschichtet, übereinander, von wo er, alle Hülfleistung ablehnend, sie selbst herholte und dahin wieder zurückbrachte. Einiges blieb in dem Zimmer um die Beschauer herumgestellt, immer enger und enger zog sich der Kreis zusammen, so daß freilich die Ungeduld unseres Reisegefährten, allzustark erregt, plötzlich ausbrach und sein Entfernen veranlaßte.

Es war mir wirklich angenehm, denn solche Qualen der Unvernunft ertragen sich leichter allein als in Gesellschaft eines einsichtigen Freundes, wo man bei gesteigertem Unwillen jeden Augenblick einen Ausbruch von einer oder der andern Seite befürchten muß.

Und wirklich war es auch zu stark, was Beireis seinen Gästen zumutete; er wußte sich nämlich damit am meisten, daß er von den größten namhaften Künstlern drei Stücke besitze, von der ersten, zweiten und letzten Manier, und wie er sie vorstellte und vortrug, war jede Art von Fassung, die dem Menschen zu Gebot stehen soll, kaum hinreichend, denn die Szene war lächerlich und ärgerlich, beleidigend und wahnsinnig zugleich.

Die ersten Lehrlingsproben eines *Raffael*, *Tizian*, *Carracci*, *Correggio*, *Dominichin*, *Guido* und von wem nicht sonst waren nichts weiter als schwache, von mäßigen Künstlern gefertigte, auch wohl kopierte Bilder. Hier verlangte er nun jederzeit Nachsicht gegen dergleichen Anfänge, rühmte aber mit Bewunderung in den folgenden die außerordentlichsten Fortschritte. Unter solchen der zweiten Epoche zugeschriebenen fand sich wohl manches Gute, aber von dem Namen, dem es zugeeignet worden, sowohl dem Talent als der Zeit nach himmelweit entfernt. Ebenso verhielt es sich mit den letzten, wo denn auch die leersten Phrasen, deren anmaßliche Unkenner sich bedienen, gar wohlgefällig vom Munde flossen.

Zum Beweis der Echtheit solcher und anderer Bilder zeigte er die Auktionskatalogen vor und freute sich der gedruckten Lobpreisung jeder von ihm erstandenen Nummer. Darunter befanden sich zwar echte, aber stark restaurierte Originale; genug, an irgendeine Art von Kritik war bei diesem sonst werten und würdigen Manne gar nicht zu denken.

Hatte man nun die meiste Zeit alle Geduld und Zurückhaltung nötig, so ward man denn doch mitunter durch den Anblick trefflicher Bilder getröstet und belohnt.

Unschätzbar hielt ich *Albrecht Dürers* Porträt, von ihm selbst gemalt, mit der Jahrzahl 1493, also in seinem zweiundzwanzigsten Jahre, halbe Lebensgröße, Bruststück, zwei Hände, die Ellenbogen abgestutzt, purpurrotes Mützchen mit kurzen, schmalen Nesteln, Hals bis unter die Schlüsselbeine bloß, am Hemde gestickter

Obersaum, die Falten der Ärmel mit pfirsichroten Bändern unterbunden, blaugrauer, mit gelben Schnüren verbrämter Überwurf, wie sich ein feiner Jüngling gar zierlich herausgeputzt hätte, in der Hand bedeutsam ein blaublühendes Eryngium, im Deutschen Mannstreue genannt, ein ernstes Jünglingsgesicht, keimende Barthaare um Mund und Kinn, das Ganze herrlich gezeichnet, reich und unschuldig, harmonisch in seinen Teilen, von der höchsten Ausführung, vollkommen Dürers würdig, obgleich mit sehr dünner Farbe gemalt, die sich an einigen Stellen zusammengezogen hatte.

Dieses preiswürdige, durchaus unschätzbare Bild, das ein wahrer Kunstfreund, im goldenen Rahmen eingefaßt, im schönsten Schränkchen aufbewahrt hätte, ließ er, das auf ein dünnes Brett gemalte, ohne irgendeinen Rahmen und Verwahrung. Jeden Augenblick sich zu spalten drohend, ward es unvorsichtiger als jedes andere hervorgeholt, auf- und wieder beiseite gestellt, nicht weniger die dringende Teilnahme des Gastes, die um Schonung und Sicherung eines solchen Kleinods flehte, gleichgültig abgelehnt; er schien sich wie Hofrat Büttner in einem herkömmlichen Unwesen eigensinnig zu gefallen.

Ferner gedenk ich eines geistreich frei gemalten Bildes von *Rubens*, länglich, nicht allzu groß, wie er sich's für solche ausgeführte Skizzen liebte. Eine Hökenfrau, sitzend in der Fülle eines wohlversorgten Gemüskrams, Kohlhäupter und Salat aller Arten, Wurzeln, Zwiebeln aller Farben und Gestalten; sie ist eben im Handel mit einer stattlichen Bürgersfrau begriffen, deren behagliche Würde sich gar gut ausnimmt neben dem ruhig anbietenden Wesen der Verkäuferin, hinter welcher ein Knabe, soeben im Begriff, einiges Obst zu stehlen, von ihrer Magd mit einem unvorgesehenen Schlag bedroht wird. An der andern Seite, hinter der angesehenen Bürgersfrau, sieht man ihre Magd einen wohlgeflochtenen, mit Marktwaren schon einigermaßen versehenen Korb tragen, aber auch sie ist nicht müßig, sie blickt nach einem Burschen und scheint dessen Fingerzeig mit einem freundlichen Blick zu erwidern. Besser gedacht und meisterhafter ausgeführt war nicht leicht etwas zu schauen, und hätten wir nicht unsere jährlichen Ausstellungen abzuschließen festgestellt, so würden wir diesen Gegenstand, wie er hier beschrieben ist, als Preisaufgabe gesetzt haben, um die Künstler kennenzulernen, die, von der überhandnehmenden Verirrung auf Goldgrund noch unangesteckt, ins derbe, frische Leben Blick und Talent zu wenden geneigt wären.

Im kunstgeschichtlichen Sinne hatte denn auch Beireis bei Aufhebung der Klöster mehr als *ein* bedeutendes Bild gewonnen; ich betrachtete sie mit Anteil und bemerkte manches in mein Taschenbuch. Hier find ich nun verzeichnet, daß außer dem ersten vorgewiesenen, welches für echt byzantinisch zu halten wäre, die übrigen alle ins funfzehnte, vielleicht ins sechzehnte Jahrhundert fallen möchten. Zu einer genaueren Würdigung mangelte es mir an durchgreifender Kenntnis, und bei einigem, was ich allenfalls noch hätte näher bestimmen können, brachte mich Zeitrechnung und Nomenklatur unseres wunderlichen Sammlers Schritt vor Schritt aus der Richte.

Denn er wollte nun ein für allemal, wie persönlich, so auch in seinen Besitzungen, einzig sein, und wie er jenes erste byzantinische Stück dem vierten Jahrhundert zuschrieb, so wies er ferner eine ununterbrochene

Reihe aus dem fünften, sechsten usw. bis ins funfzehnte mit einer Sicherheit und Überzeugung vor, daß einem die Gedanken vergingen, wie es zu geschehen pflegt, wenn uns das handgreiflich Unwahre als etwas, das sich von selbst versteht, zutraulich vorgesprochen wird, wo man denn weder den Selbstbetrug noch die Unverschämtheit in solchem Grade für möglich hält.

Ein solches Beschauen und Betrachten ward sodann durch festliche Gastmahle gar angenehm unterbrochen. Hier spielte der seltsame Mann seine jugendliche Rolle mit Behagen fort, er scherzte mit den Müttern, als wenn sie ihm auch wohl früher hätten geneigt sein mögen, mit den Töchtern, als wenn er im Begriff wäre, ihnen seine Hand anzubieten. Niemand erwiderte dergleichen Äußerungen und Anträge mit irgendeinem Befremden, selbst die geistreichen männlichen Glieder der Gesellschaft behandelten seine Torheiten mit einiger Achtung, und aus allem ging hervor, daß sein Haus, seine Natur- und Kunstschätze, seine Barschaften und Kapitalien, sein Reichtum, wirklich oder durch Großtun gesteigert, vielen ins Auge stach, weshalb denn die Achtung für seine Verdienste auch seinen Seltsamkeiten das Wort zu reden schien.

Und gewiß, es war niemand geschickter und gewandter, Erbschleicherei zu erzeugen, als er, ja es schien Maxime zu sein, sich dadurch eine neue, künstliche Familie und die unfromme Pietät einer Anzahl Menschen zu verschaffen.

In seinem Schlafzimmer hing das Bild eines jungen Mannes, von der Art, wie man Hunderte sieht, nicht ausgezeichnet, weder anziehend noch abstoßend; diesen ließ er seine Gäste gewöhnlich beschauen und bejammerte dabei das Ereignis, daß dieser junge Mann, an den er vieles gewendet, dem er sein ganzes Vermögen zugedacht, sich gegen ihn untreu und undankbar bewiesen, daß er ihn habe müssen fahrenlassen und nun vergebens nach einem zweiten sich umsehe, mit dem er ein gleiches und glücklicheres Verhältnis anknüpfen könne.

In diesem Vortrag war irgend etwas Schelmisches; denn wie jeder bei Erblickung eines Lotterieplans das Große Los auf sich bezieht, so schien auch jedem Zuhörer, wenigstens in dem Augenblick, ein Hoffnungsgestirn zu leuchten; ja ich habe kluge Menschen gekannt, die sich eine Zeitlang von diesem Irrlicht nachziehen ließen.

Den größten Teil des Tages brachten wir bei ihm zu, und abends bewirtete er uns auf chinesischem Porzellan und Silber mit fetter Schafmilch, die er als höchst gesunde Nahrung pries und aufnötigte. Hatte man dieser ungewohnten Speise erst einigen Geschmack abgewonnen, so ist nicht zu leugnen, daß man sie gern genoß und sie auch wohl als gesund ansprechen durfte.

Und so besah man denn auch seine ältern Sammlungen, zu deren glücklichem Beischaffen historische Kenntnis genügt, ohne Geschmack zu verlangen. Die goldenen Münzen römischer Kaiser und ihrer Familien hatte er aufs vollständigste zusammengebracht, welches er durch die Katalogen des pariser und gothaischen Kabinetts eifrig zu belegen und dabei zugleich sein Übergewicht durch mehrere dort fehlende Exemplare zu bezeugen wußte. Was jedoch an dieser Sammlung am höchsten zu bewundern, war die Vollkommenheit der Abdrücke, welche sämtlich, als kämen sie aus der Münze, vorlagen. Diese Bemerkung nahm er wohl auf und versicherte, daß er die einzelnen erst nach und nach eingetauscht und mit schwerer Zubuße zuletzt erhalten und doch noch immer von Glück zu sagen habe.

Brachte nun der geschäftige Besitzer aus einem nebenstehenden Schrank neue Schieber zum Anschauen, so ward man sogleich der Zeit und dem Ort nach anderswohin versetzt. Sehr schöne Silbermünzen griechischer Städte lagen vor, die, weil sie lange genug in feuchter, verschlossener Luft aufbewahrt worden, die wohlerhaltenen Gepräge mit einem bläulichen Anhauch darwiesen. Ebensowenig fehlte es sodann an goldenen Rosenoblen, päpstlichen älteren Münzen, an Brakteaten, verfänglichen satyrischen Geprägen und was man nur merkwürdig Seltsames bei einer so zahlreichen altherkömmlichen Sammlung erwarten konnte.

Nun war aber nicht zu leugnen, daß er in diesem Fache unterrichtet und in gewissem Sinne ein Kenner war: denn er hatte ja schon in früheren Jahren eine kleine Abhandlung, wie echte und falsche Münzen zu unterscheiden seien, herausgegeben. Indessen scheint er auch hier wie in andern Dingen sich einige Willkür vorbehalten zu haben, denn er behauptete, hartnäckig und über alle Münzkenner triumphierend, die goldnen Lysimachen seien durchaus falsch, und behandelte deshalb einige vorliegende schöne Exemplare höchst verächtlich. Auch dieses ließen wir, wie manches andere, hingehen und ergötzten uns mit Belehrung an diesen wirklich seltenen Schätzen.

Neben allen diesen Merkwürdigkeiten, zwischen so vieler Zeit, die uns Beireis widmete, trat immer zugleich seine ärztliche Tätigkeit hervor; bald war er morgens früh schon vom Lande, wo er eine Bauersfrau entbunden, zurückgekehrt, bald hatten ihn verwickelte Konsultationen beschäftigt und festgehalten.

Wie er nun aber zu solchen Geschäften Tag und Nacht bereit sein könne und sie doch mit immer gleicher äußerer Würde zu vollbringen imstande sei, machte er auf seine Frisur aufmerksam; er trug nämlich rollenartige Locken, länglich, mit Nadeln gesteckt, fest gepicht über beiden Ohren. Das Vorderhaupt war mit einem Toupet geschmückt, alles fest, glatt und tüchtig gepudert. Auf diese Weise, sagte er, lasse er sich alle Abend frisieren, lege sich, die Haare festgebunden, zu Bette, und welche Stunde er denn auch zu einem Kranken gerufen werde, erscheine er doch so anständig, eben als wie er in jede Gesellschaft komme. Und es ist wahr, man sah ihn in seiner hellblaugrauen vollständigen Kleidung, in schwarzen Strümpfen und Schuhen mit großen Schnallen überall ein wie das andere Mal.

Während solcher belebten Unterhaltung und fortdauernder Zerstreuung hatte er eigentlich von unglaublichen Dingen noch wenig vorgebracht; allein in der Folge konnte er nicht ganz unterlassen, die Litanei seiner Legenden nach und nach mitzuteilen. Als er uns nun eines Tags mit einem ganz wohlbestellten Gastmahle bewirtete, so mußte man eine reichliche Schüssel besonders großer Krebse in einer so bach- und wasserarmen Gegend höchst merkwürdig finden; worauf er denn versicherte, sein Fischkasten dürfe niemals ohne dergleichen Vorrat gefunden werden: er sei diesen Geschöpfen so viel schuldig, er achte den Genuß derselben für so heilsam, daß er sie nicht nur als schmackhaftes Gericht für werte Gäste, sondern als das wirksamste Arzeneimittel in äußersten Fällen immerfort bereithalte. Nun aber schritt er zu einigen geheimnisvollen Einleitungen, er sprach von gänzlicher Erschöpfung, in die er sich durch ununterbrochene, höchst wichtige, aber auch höchst gefährliche Arbeit versetzt gesehen, und wollte dadurch den schwierigen Prozeß der höchsten Wissenschaft verstanden wissen.

In einem solchen Zustande habe er nun ohne Bewußtsein, in letzten Zügen, hoffnungslos dagelegen, als ein junger, ihm herzlich verbundener Schüler und Wärter, durch inspirationsmäßigen Instinkt angetrieben, eine Schüssel großer gesottener Krebse seinem Herrn und Meister dargebracht und davon genügsam zu sich zu nehmen genötigt; worauf denn dieser wundersam ins Leben zurückgekehrt und die hohe Verehrung für dieses Gericht behalten habe.

Schalkhafte Freunde behaupteten, Beireis habe sonst auch wohl gelegentlich zu verstehen gegeben, er wüßte durch das Universale ausgesuchte Maikäfer in junge Krebse zu verwandeln, die er denn auch nachher durch besondere spagirische Nahrung zu merkwürdiger Größe heraufzufüttern verstehe. Wir hielten dies wie billig für eine im Geist und Geschmack des alten Wundertäters erfundene Legende, dergleichen mehr auf seine Rechnung herumgehen und die er, wie ja wohl Taschenspieler und sonstige Thaumaturgen auch geraten finden, keineswegs abzuleugnen geneigt war.

Hofrat Beireisens ärztliches Ansehen war in der ganzen Gegend wohl gegründet, wie ihn denn auch die gräflich Veltheimische Familie zu Harbke als Hausarzt willkommen hieß, in die er uns daher einzuführen sich sogleich geneigt erklärte. Angemeldet traten wir dort ein; stattliche Wirtschaftsgebäude bildeten vor dem hohen, ältlichen Schlosse einen geräumigen Gutshof. Der Graf hieß uns willkommen und freute sich, an mir einen alten Freund seines Vaters kennenzulernen, denn mit diesem hatte uns andere durch mehrere Jahre das Studium des Bergwesens verbunden, nur daß er versuchte, seine Naturkenntnisse zu Aufklärung problematischer Stellen alter Autoren zu benutzen. Mochte man ihn bei diesem Geschäft auch allzu großer Kühnheit beschuldigen, so konnte man ihm einen geistreichen Scharfsinn nicht absprechen.

Gegen den Garten hin war das altertümlich aufgeschmückte, ansehnliche Schloß vorzüglich schön gelegen. Unmittelbar aus demselben trat man auf ebene, reinliche Flächen, woran sich sanft aufsteigende, von Büschen und Bäumen überschattete Hügel anschlossen. Bequeme Wege führten sodann aufwärts zu heiteren Aussichten gegen benachbarte Höhen, und man ward mit dem weiten Umkreis der Herrschaft, besonders auch mit den wohlbestandenen Wäldern, immer mehr bekannt. Den Großvater des Grafen hatte vor funfzig Jahren die Forstkultur ernstlich beschäftigt, wobei er denn nordamerikanische Gewächse der deutschen Landesart anzueignen trachtete. Nun führte man uns in einen wohlbestandenen Wald von Weymouthskiefern, ansehnlich stark und hoch gewachsen, in deren stattlichem Bezirk wir uns, wie sonst in den Forsten des Thüringer Waldes, auf Moos gelagert, an einem guten Frühstück erquickten und besonders an der regelmäßigen Pflanzung ergötzten. Denn dieser großväterliche Forst zeigte noch die Absichtlichkeit der ersten Anlage, indem die sämtlichen Bäume, reihenweis gestellt, sich überall ins Gevierte sehen ließen. Ebenso konnte man in jeder Forstabteilung bei jeder

Baumgattung die Absicht des vorsorgenden Ahnherrn gar deutlich wahrnehmen.

Die junge Gräfin, soeben ihrer Entbindung nahe, blieb leider unsichtbar, da wir von ihrer gerühmten Schönheit selbst doch gern Zeugnis abgelegt hätten. Indessen wußten wir uns mit ihrer Frau Mutter, einer verwittibten Frau von Lauterbach aus Frankfurt am Main, von alten reichstädtischen Familienverhältnissen angenehm zu unterhalten.

Die beste Bewirtung, der anmutigste Umgang, belehrendes Gespräch, worin uns nach und nach die Vorteile einer so großen Besitzung im einzelnen deutlicher wurden, besonders da hier soviel für die Untertanen geschehen war, erregten den stillen Wunsch, länger zu verweilen, dem denn eine freundlich dringende Einladung unverhofft entgegenkam. Aber unser teurer Gefährte, der fürtreffliche Wolf, der hier für seine Neigung keine Unterhaltung fand und desto eher und heftiger von seiner gewöhnlichen Ungeduld ergriffen ward, verlangte so dringend, wieder in Helmstedt zu sein, daß wir uns entschließen mußten, aus einem so angenehmen Kreise zu scheiden; doch sollte sich bei unserer Trennung noch ein wechselseitiges Verhältnis entwickeln. Der freundliche Wirt verehrte aus seinen fossilen Schätzen einen köstlichen Enkriniten meinem Sohn, und wir glaubten kaum etwas Gleichgefälliges erwidern zu können, als ein forstmännisches Problem zur Sprache kam. Im Ettersberg nämlich bei Weimar solle, nach Ausweis eines beliebten Journals, eine Buche gefunden werden, welche sich in Gestalt und sonstigen Eigenschaften offenbar der Eiche nähere. Der Graf, mit angeerbter Neigung zur Forstkultur, wünschte davon eingelegte Zweige, und was sonst noch zu genauerer Kenntnis beitragen könne, besonders aber wo möglich einige lebendige Pflanzen. In der Folge waren wir so glücklich, dies Gewünschte zu verschaffen, unser Versprechen wirklich halten zu können, und hatten das Vergnügen, von dem zweideutigen Baume lebendige Abkömmlinge zu übersenden, auch nach Jahren von dem Gedeihen derselben erfreuliche Nachricht zu vernehmen.

Auf dem Rückwege nun wie auf dem Hinwege hatten wir denn mancherlei von des alten uns geleitenden Zauberers Großtaten zu hören. Nun vernahmen wir aus dessen Munde, was uns schon aus seinen frühern Tagen durch Überlieferung zugekommen war; doch genau besehen fand sich in der Legende dieses Heiligen eine merkliche Monotonie. Als Knabe jugendlich mutiger Entschluß, als Schüler rasche Selbstverteidigung; akademische Händel, Rapierfertigkeit, kunstmäßige Geschicklichkeit im Reiten und sonstige körperliche Vorzüge, Mut und Gewandtheit, Kraft und Ausdauer, Beständigkeit und Tatlust; alles dieses lag rückwärts in dunklen Zeiten; dreijährige Reisen blieben geheimnisvoll und sonst noch manches im Vortrag, gewiß aber in der Erörterung unbestimmt.

Weil jedoch das auffallende Resultat seines Lebensganges ein unübersehlicher Besitz von Kostbarkeiten, ein unschätzbarer Geldreichtum zu sein schien, so konnte es ihm an Gläubigen, an Verehrern gar nicht fehlen. Jene beiden sind eine Art von Hausgöttern, nach welchen die Menge andächtig und gierig die Augen wendet. Ist nun ein solcher Besitz nicht etwa ererbt und offenbaren Herkommens, sondern im Geheimnis selbst erworben, so gibt man im Dunkeln alles übrige Wunderbare zu, man läßt ihn sein märchenhaftes Wesen treiben: denn eine Masse gemünztes Gold und Silber verleiht selbst dem Unwahren Ansehen und Gewicht; man läßt die Lüge gelten, indem man die Barschaft beneidet.

Die möglichen oder wahrscheinlichen Mittel, wie Beireis zu solchen Gütern gelangt, werden einstimmig und einfach angegeben. Er solle eine Farbe erfunden haben, die sich an die Stelle der Cochenille setzen konnte; er solle vorteilhaftere Gärungsprozesse als die damals bekannten an Fabrikherren mitgeteilt haben. Wer in der Geschichte der Chemie bewandert ist, wird beurteilen, ob in der Hälfte des vorigen Jahrhunderts dergleichen Rezepte umherschleichen konnten, er wird wissen, inwiefern sie in der neuern Zeit offenbar und allgemein bekannt geworden. Sollte Beireis z. B. nicht etwa zeitig auf die Veredlung des Krapps gekommen sein?

Nach allem diesem aber ist das sittliche Element zu bedenken, worin und worauf er gewirkt hat, ich meine die Zeit, den eigentlichen Sinn, das Bedürfnis derselben. Die Kommunikation der Weltbürger ging noch nicht so schnell wie gegenwärtig; noch konnte jemand, der an entfernten Orten, wie Swedenborg, oder auf einer beschränkten Universität, wie Beireis, seinen Aufenthalt nahm, immer die beste Gelegenheit finden, sich in geheimnisvolles Dunkel zu hüllen, Geister zu berufen und am Stein der Weisen zu arbeiten. Haben wir nicht in den neuern Tagen Cagliostro gesehen, wie er, große Räume eilig durchstreifend, wechselsweise im Süden, Norden, Westen seine Taschenspielereien treiben und überall Anhänger finden konnte? Ist es denn zuviel gesagt, daß ein gewisser Aberglaube an dämonische Menschen niemals aufhören, ja daß zu jeder

Zeit sich immer ein Lokal finden wird, wo das problematisch Wahre, vor dem wir in der Theorie allein Respekt haben, sich in der Ausübung mit der Lüge auf das allerbequemste begatten kann?

Länger, als wir gedacht, hatte uns die anmutige Gesellschaft in Helmstedt aufgehalten. Hofrat Beireis betrug sich in jedem Sinne wohlwollend und mitteilend, doch von seinem Hauptschatz, dem Diamanten, hatte er noch nicht gesprochen, geschweige denselben vorgewiesen. Niemand der Helmstedter Akademieverwandten hatte denselben gesehen, und ein oft wiederholtes Märchen, daß dieser unschätzbare Stein nicht am Orte sei, diente ihm, wie wir hörten, auch gegen Fremde zur Entschuldigung. Er pflegte nämlich scheinbar vertraulich zu äußern, daß er zwölf vollkommen gleiche versiegelte Kästchen eingerichtet habe, in deren einem der Edelstein befindlich sei. Diese zwölf Kästchen nun verteile er an auswärtige Freunde, deren jeder einen Schatz zu besitzen glaube; er aber wisse nur allein, wo er befindlich sei. Daher mußten wir befürchten, daß er auf Anfragen dieses Naturwunder gleichfalls verleugnen werde. Glücklicherweise jedoch kurz vor unserm Abschiede begegnete folgendes.

Eines Morgens zeigte er in einem Bande der Reise Tourneforts die Abbildung einiger natürlichen Diamanten, die sich in Eiform mit teilweiser Abweichung ins Nieren- und Zitzenförmige unter den Schätzen der Indier gefunden hatten. Nachdem er uns die Gestalt wohl eingeprägt, brachte er ohne weitere Zeremonien aus der rechten Hosentasche das bedeutende Naturerzeugnis. In der Größe eines mäßigen Gänseeies, war es vollkommen klar, durchsichtig, doch ohne Spur, daß daran geschliffen worden; an der Seite bemerkte man einen schwachen Höcker, einen nierenförmigen Auswuchs, wodurch der Stein jenen Abbildungen vollkommen ähnlich ward.

Mit seiner gewöhnlichen ruhigen Haltung zeigte er darauf einige zweideutige Versuche, welche die Eigenschaften eines Diamanten betätigen sollten: Auf mäßiges Reiben zog der Stein Papierschnitzchen an; die englische Feile schien ihm nichts anzuhaben; doch ging er eilig über diese Beweistümer hinweg und erzählte die oft wiederholte Geschichte: wie er den Stein unter einer Muffel geprüft und über das herrliche Schauspiel der sich entwickelnden Flamme das Feuer zu mildern und auszulöschen vergessen, so daß der Stein über eine Million Taler an Wert in kurzem verloren habe. Dessenungeachtet aber pries er sich glücklich, daß er ein Feuerwerk gesehen, welches Kaisern und Königen versagt worden.

Indessen er nun sich weitläufig darüber herausließ, hatte ich, chromatischer Prüfungen eingedenk, das Wunderei vor die Augen genommen, um die horizontalen Fensterstäbe dadurch zu betrachten, fand aber die Farbensäume nicht breiter, als ein Bergkristall sie auch gegeben hätte; weshalb ich im stillen wohl einige Zweifel gegen die Echtheit dieses gefeierten Schatzes fernerhin nähren durfte. Und so war denn unser Aufenthalt durch die größte Rodomontade unseres wunderlichen Freundes ganz eigentlich gekrönt.

KARL ERNST VON HAGEN

Der Landrat

[1805]

Bei heitern vertraulichen Unterhaltungen in Helmstedt, wo denn vorzüglich die Beireisischen Eigenheiten zur Sprache kamen, ward auch mehrmals eines höchst wunderlichen Edelmanns gedacht, welchen man, da unser Rückweg über Halberstadt genommen werden sollte, als unfern vom Wege wohnend, auf der Reise gar wohl besuchen und somit die Kenntnis seltsamer Charaktere erweitern könne. Man war zu einer solchen Expedition desto eher geneigt, als der heitere, geistreiche Propst Henke uns dorthin zu begleiten versprach; woraus wenigstens hervorzugehen schien, daß man über die Unarten und Unschicklichkeiten jenes berufenen Mannes noch allenfalls hinauskommen werde.

So saßen wir denn zu vier im Wagen, Propst Henke mit einer langen weißen Tonpfeife, die er, weil ihn jede andere Art zu rauchen anwiderte, sogar im Wagen, selbst, wie er versicherte, auf weiteren Reisen mit besonderer Vorsicht ganz und unzerstückt zu erhalten wußte.

In so froher als belehrender Unterhaltung legten wir den Weg zurück und langten endlich an dem Gute des Mannes an, der, unter dem Namen des *Tollen Hagen* weit und breit bekannt, wie eine Art von gefährlichem Zyklopen auf einer schönen Besitzung hauste. Der Empfang war schon charakteristisch genug. Er machte uns aufmerksam auf das an tüchtigem Schmiedewerk hangende Schild seines neuerbauten Gasthofes, das den Gästen zur Lockung dienen sollte. Wir waren jedoch nicht wenig verwundert, hier von einem nicht ungeschickten Künstler ein Bild ausgeführt zu sehen, welches das Gegenstück jenes Schildes vorstellt, an welchem der *»Reisende* in das *südliche Frankreich«* sich so umständlich ergeht und ergötzt; man sah auch hier ein Wirtshaus mit dem bedenklichen Zeichen und umstehende Betrachter vorgestellt.

Ein solcher Empfang ließ uns freilich das Schlimmste vermuten, und ich ward aufmerksamer, indem mich die Ahnung anflog, als hätten die werten neuen Freunde nach dem edlen Helmstedter Drama uns zu diesem Abenteuer beredet, um uns als Mitspieler in einer leidigen Satyrposse verwickelt zu sehen. Sollten sie nicht, wenn wir diesen Jokus unwillig aufnähmen, sich mit einer stillen Schadenfreude kitzeln?

Doch ich verscheuchte solchen Argwohn, als wir das ganz ansehnliche Gehöfte betraten. Die Wirtschaftsgebäude befanden sich im besten Zustand, die Höfe in zweckmäßiger Ordnung, obgleich ohne Spur irgendeiner ästhetischen Absicht. Des Herren gelegentliche Behandlung der Wirtschaftsleute mußte man rauh und hart nennen, aber ein guter Humor, der durchblickte, machte sie erträglich; auch schienen die guten Leute an diese Weise schon so gewöhnt zu sein, da sie ganz ruhig, als hätte man sie sanft angesprochen, ihrem Geschäft weiter oblagen.

In dem großen, reinlichen, hellen Tafelzimmer fanden wir die Hausfrau, eine schlanke, wohlgebildete Dame, die sich aber in stummer Leidensgestalt ganz unteilnehmend erwies und uns die schwere Duldung, die sie zu übertragen hatte, unmittelbar zu erkennen gab. Ferner zwei Kinder, ein preußischer Fähndrich auf Urlaub und eine Tochter aus der braunschweigischen Pension, zum Besuche da, beide noch nicht zwanzig, stumm wie die Mutter, mit einer Art von Verwunderung dreinsehend, wenn die Blicke jener ein vielfaches Leiden aussprachen.

Die Unterhaltung war sogleich einigermaßen soldatisch derb; der Burgunder, von Braunschweig bezogen, ganz vortrefflich; die Hausfrau machte sich durch eine so wohlbediente als wohlbestellte Tafel Ehre. Daher wäre denn bis jetzt alles ganz leidlich gegangen, nur durfte man sich nicht weit umsehen, ohne das Faunenohr zu erblicken, das durch die häusliche Zucht eines wohlhabenden Landedelmanns durchstach. In den Ecken des Saales standen saubere Abgüsse des Apollin und ähnlicher Statuen, wunderlich aber sah man sie aufgeputzt: denn er hatte sie mit Manschetten, von seinen abgelegten, wie mit Feigenblättern der guten Gesellschaft zu akkommodieren geglaubt. Ein solcher Anblick gab nur um so mehr Apprehension, da man versichert sein kann, daß ein Abgeschmacktes gewiß auf ein anderes hindeutet, und so fand sich's auch. Das Gespräch war noch immer mit einiger Mäßigung, wenigstens von unserer Seite, geführt, aber doch auf alle Fälle in Gegenwart der heranwachsenden Kinder unschicklich genug. Als man sie aber während des Nachtisches fortgeschickt hatte, stand unser wunderlicher Wirt ganz feierlich auf, nahm die Manschettchen von den Statuen weg und meinte, nun sei es Zeit, sich etwas natürlicher und freier zu benehmen. Wir hatten indessen der bedauernswerten Leidensgestalt unserer Wirtin durch einen Schwank gleichfalls Urlaub verschafft; denn wir bemerkten, worauf unser Wirt ausgehen mochte, indem er noch schmackhafteren Burgunder vorsetzte, dem wir uns nicht abhold bewiesen. Dennoch wurden wir nicht gehindert, nach aufgehobener Tafel einen Spaziergang vorzuschlagen. Dazu wollte er aber keinen Gast zulassen, wenn er nicht vorher einen gewissen Ort besucht hätte. Dieser gehörte freilich auch zum Ganzen. Man fand in einem reinlichen Kabinett einen gepolsterten Großvatersessel und, um zu einem längeren Aufenthalt einzuladen, eine mannigfaltige Unzahl bunter, ringsumher aufgeklebter Kupferstiche satyrischen, pasquillantischen, unsauberen Inhalts, neckisch genug. Diese Beispiele genügen wohl, die wunderliche Lage anzudeuten, in der wir uns befanden. Bei eintretender Nacht nötigte er seine bedrängte Hausfrau, einige Lieder nach eigener Wahl zum Flügel zu singen, wodurch sie uns bei gutem Vortrag allerdings Vergnügen machte; zuletzt aber enthielt er sich nicht, sein Mißfallen an solchen faden Gesängen zu bezeugen, mit der Anmaßung, ein tüchtigeres vorzutragen, worauf sich denn die gute Dame gemüßigt sah, eine höchst unschickliche und absurde Strophe mit dem Flügel zu begleiten. Nun fühlte ich, indigniert durch das Widerwärtige, inspiriert durch den Burgunder, es sei Zeit, meine Jugendpferde zu besteigen, auf denen ich mich sonst übermütig gerne herumgetummelt hatte.

Nachdem er auf mein Ersuchen die detestable Strophe noch einige Male wiederholt hatte, versicherte ich ihm, das Gedicht sei vortrefflich, nur müsse er suchen, durch künstlichen Vortrag sich dem köstlichen Inhalt gleichzustellen, ja ihn durch den rechten Ausdruck erst zu erhöhen. Nun war zuvörderst von Forte und Piano die Rede, sodann aber von feineren Abschattierungen, von Akzenten, und so mußte gar zuletzt ein Gegensatz von Lispeln und Ausschrei zur Sprache kommen. Hinter dieser Tollheit lag jedoch eine Art von Didaskalie verborgen, die mir denn auch eine große Mannigfaltigkeit von Forderungen an ihn verschaffte, woran er sich als ein geistreich barocker Mann zu unterhalten schien. Doch suchte er diese lästigen Zumutungen manchmal zu unterbrechen, indem er Burgunder einschenkte und Backwerk anbot. Unser Wolf hatte sich, unendlich gelangweilt, schon zurückgezogen; Abt Henke ging mit seiner langen tönernen Pfeife auf und ab und schüttete den ihm aufgedrungenen Burgunder, seine Zeit ersehend, zum Fenster hinaus, mit der größten Gemütsruhe den Verlauf dieses Unsinnes abzuwarten. Dies aber war kein Geringes: denn ich forderte immer mehr, noch immer einen wunderlicheren Ausdruck von meinem humoristisch gelehrigen Schüler und verwarf zuletzt gegen Mitternacht alles Bisherige. Das sei nur eingelernt, sagte ich, und gar nichts wert. Nun müsse er erst aus eignem Geist und Sinn das Wahre, was bisher verborgen geblieben, selbst erfinden und dadurch mit Dichter und Musiker als Original wetteifern.

Nun war er gewandt genug, um einigermaßen zu gewahren, daß hinter diesen Tollheiten ein gewisser Sinn verborgen sei, ja er schien sich an einem so freventlichen Mißbrauch eigentlich respektabler Lehren zu ergötzen; doch war er indessen selbst müde und sozusagen mürbe geworden, und als ich endlich den Schluß zog, er müsse nun erst der Ruhe pflegen und abwarten, ob ihm nicht vielleicht im Traum eine Aufklärung komme, gab er gerne nach und entließ uns zu Bette.

Den andern Morgen waren wir früh wieder bei der Hand und zur Abreise bereit. Beim Frühstück ging es ganz menschlich zu; es schien, als wolle er uns nicht mit ganz ungünstigen Begriffen entlassen. Als Landrat wußte er vom Zustand und den Angelegenheiten der Provinz sehr treffende, nach seiner Art barocke Rechenschaft zu geben. Wir schieden freundlich und konnten dem nach Helmstedt mit unzerbrochener langen Pfeife zurückkehrenden Freunde für sein Geleit bei diesem bedenklichen Abenteuer nicht genugsam Dank sagen.

Pietro della Valle

Der Weltreisende

Pietro della Valle
Kupferstich aus der *Reiß-Beschreibung* (1674)

Pietro della Valle

Aus einem uralten römischen Geschlechte, das seinen Stammbaum bis auf die edlen Familien der Republik zurückführen durfte, ward *Pietro della Valle* geboren im Jahre 1586, zu einer Zeit, da die sämtlichen Reiche Europens sich einer hohen geistigen Bildung erfreuten. In Italien lebte Tasso noch, obgleich in traurigem Zustande; doch wirkten seine Gedichte auf alle vorzügliche Geister. Die Verskunst hatte sich so weit verbreitet, daß schon Improvisatoren hervortraten und kein junger Mann von freiern Gesinnungen des Talents entbehren durfte, sich reimweis auszudrücken. Sprachstudium, Grammatik, Red- und Stilkunst wurden gründlich behandelt, und so wuchs in allen diesen Vorzügen unser Jüngling sorgfältig gebildet heran.

Waffenübungen zu Fuß und zu Roß, die edle Fecht- und Reitkunst dienten ihm zu täglicher Entwickelung körperlicher Kräfte und der damit innig verbundenen Charakterstärke. Das wüste Treiben früherer Kreuzzüge hatte sich nun zur Kriegskunst und zu ritterlichem Wesen herangebildet, auch die Galanterie in sich aufgenommen. Wir sehen den Jüngling, wie er mehreren Schönen, besonders in Gedichten, den Hof macht, zuletzt aber höchst unglücklich wird, als ihn die eine, die er sich anzueignen, mit der er sich ernstlich zu verbinden gedenkt, hintansetzt und einem Unwürdigen sich hingibt. Sein Schmerz ist grenzenlos, und um sich Luft zu machen, beschließt er, im Pilgerkleide nach dem Heiligen Lande zu wallen.

Im Jahre 1614 gelangt er nach Konstantinopel, wo sein adeliges, einnehmendes Wesen die beste Aufnahme gewinnt. Nach Art seiner früheren Studien wirft er sich gleich auf die orientalischen Sprachen, verschafft sich zuerst eine Übersicht der türkischen Literatur, Landesart und Sitten und begibt sich sodann, nicht ohne Bedauern seiner neu erworbenen Freunde, nach Ägypten. Seinen dortigen Aufenthalt nutzt er ebenfalls, um die altertümliche Welt und ihre Spuren in der neueren auf das ernstlichste zu suchen und zu verfolgen; von Kairo zieht er auf den Berg Sinai, das Grab der heiligen Katharina zu verehren, und kehrt, wie von einer Lustreise, zur Hauptstadt Ägyptens zurück; gelangt, von da zum zweiten Male abreisend, in sechzehn Tagen nach Jerusalem, wodurch das wahre Maß der Entfernung beider Städte sich unserer Einbildungskraft aufdrängt. Dort, das heilige Grab verehrend, erbittet er sich vom Erlöser, wie früher schon von der heiligen Katharina, Befreiung von seiner Leidenschaft; und wie Schuppen fällt es ihm von den Augen, daß er ein Tor gewesen, die bisher Angebetete für die einzige zu halten, die eine solche Huldigung verdiene; seine Abneigung gegen das übrige weibliche Geschlecht ist verschwunden, er sieht sich nach einer Gemahlin um und schreibt seinen Freunden, zu denen er bald zurückzukehren hofft, ihm eine würdige auszusuchen.

Nachdem er nun alle heiligen Orte betreten und bebetet, wozu ihm die Empfehlung seiner Freunde von Konstantinopel, am meisten aber ein ihm zur Begleitung mitgegebener Capighi die besten Dienste tun, reist er mit dem vollständigsten Begriff dieser Zustände weiter, erreicht Damaskus, sodann Aleppo, woselbst er sich in syrische Kleidung hüllt und seinen Bart wachsen läßt. Hier nun begegnet ihm ein bedeutendes, schicksalbestimmendes Abenteuer. Ein Reisender gesellt sich zu ihm, der von der Schönheit und Liebenswürdigkeit einer jungen georgischen Christin, die sich mit den Ihrigen zu Bagdad aufhält, nicht genug zu erzählen weiß, und Valle verliebt sich, nach echt orientalischer Weise, in ein Wortbild, dem er begierig entgegenreist. Ihre Gegenwart vermehrt Neigung und Verlangen, er weiß die Mutter zu gewinnen, der Vater wird beredet, doch geben beide seiner ungestümen Leidenschaft nur ungerne nach; ihre geliebte, anmutige Tochter von sich zu lassen scheint ein allzu großes Opfer. Endlich wird sie seine Gattin, und er gewinnt dadurch für Leben und Reise den größten Schatz. Denn ob er gleich mit adeligem Wissen und Kenntnis mancher Art ausgestattet die Wallfahrt angetreten und in Beobachtung dessen, was sich unmittelbar auf den Menschen bezieht, so aufmerksam als glücklich und im Betragen gegen jedermann in allen Fällen musterhaft gewesen, so fehlt es ihm doch an Kenntnis der Natur, deren Wissenschaft sich damals nur noch in dem engen Kreise ernster und bedächtiger Forscher bewegte. Daher kann er die Aufträge seiner Freunde, die von Pflanzen und Hölzern, von Gewürzen und Arzneien Nachricht verlangen, nur unvollkommen befriedigen; die schöne Maani aber, als ein liebenswürdiger Hausarzt, weiß von Wurzeln, Kräutern und Blumen, wie sie wachsen, von Harzen, Balsamen, Ölen, Samen und Hölzern, wie sie der Handel bringt, genugsam Rechenschaft zu geben und ihres Gatten Beobachtung der Landesart gemäß zu bereichern.

Wichtiger aber ist diese Verbindung für Lebens- und Reisetätigkeit. Maani, zwar vollkommen weiblich, zeigt sich von resolutem, allen Ereignissen gewachsenem Charakter; sie fürchtet keine Gefahr, ja sucht sie eher auf und beträgt sich überall edel und ruhig; sie besteigt auf Mannsweise das Pferd, weiß es zu bezähmen und anzutreiben, und so bleibt sie eine muntere, aufregende Gefährtin. Ebenso wichtig ist es, daß sie unterwegs mit den sämtlichen Frauen in Berührung kommt und ihr Gatte daher von den Männern gut aufgenommen, bewirtet und unterhalten wird, indem sie sich auf Frauenweise mit den Gattinnen zu betun und zu beschäftigen weiß.

Nun genießt aber erst das junge Paar eines bei den bisherigen Wanderungen im türkischen Reiche unbekannten Glücks. Sie betreten Persien im dreißigsten Jahre der Regierung Abbas' des Zweiten, der sich, wie Peter und Friedrich, den Namen des Großen verdiente. Nach einer gefahrvollen, bänglichen Jugend wird er sogleich beim Antritt seiner Regierung aufs deutlichste gewahr, wie er, um sein Reich zu beschützen, die Grenzen erweitern müsse und was für Mittel es gebe, auch innerliche Herrschaft zu sichern; zugleich geht Sinnen und Trachten dahin, das entvölkerte Reich durch Fremdlinge wiederherzustellen und den Verkehr der Seinigen durch öffentliche Wege- und Gastanstalten zu beleben und zu erleichtern. Die größten Einkünfte und Begünstigungen verwendet er zu grenzenlosen Bauten. Ispahan, zur Hauptstadt gewürdigt, mit Palästen und Gärten, Karawansereien und Häusern für königliche Gäste übersäet; eine Vorstadt für die Armenier erbaut, die sich dankbar zu beweisen ununterbrochen Gelegenheit finden, indem sie, für eigene und für könig liche Rechnung handelnd, Profit und Tribut dem Fürsten zu gleicher Zeit abzutragen klug genug sind. Eine Vorstadt für Georgier, eine andere für Nachfahren der Feueranbeter erweitern abermals die Stadt, die zuletzt so grenzenlos als einer unserer neuen Reichsmittelpunkte sich erstreckt. Römisch-katholische Geistliche, besonders Karmeliten, sind wohl aufgenommen und beschützt; weniger die griechische Religion, die, unter dem Schutz der Türken stehend, dem allgemeinen Feinde Europens und Asiens anzugehören scheint.

Über ein Jahr hatte sich della Valle in Ispahan aufgehalten und seine Zeit ununterbrochen tätig benutzt, um von allen Zuständen und Verhältnissen genau Nachricht einzuziehen. Wie lebendig sind daher seine Darstellungen! wie genau seine Nachrichten! Endlich, nachdem er alles ausgekostet, fehlt ihm noch der Gipfel des ganzen Zustandes, die persönliche Bekanntschaft des von ihm so hoch bewunderten Kaisers, der Begriff, wie es bei Hof, im Gefecht, bei der Armee zugehe.

In dem Lande Mazenderan, der südlichen Küste des Kaspischen Meers, in einer freilich sumpfigen, ungesunden Gegend, legte sich der tätige, unruhige Fürst abermals eine große Stadt an, Ferhabad benannt, und bevölkerte sie mit beorderten Bürgern; sogleich in der Nähe erbaut er sich manchen Bergsitz auf den Höhen des amphitheatralischen Kessels, nicht allzuweit von seinen Gegnern, den Russen und Türken, in einer durch Bergrücken geschützten Lage. Dort residiert er gewöhnlich, und della Valle sucht ihn auf. Mit Maani kommt er an, wird wohl empfangen, nach einem orientalisch klugen, vorsichtigen Zaudern dem Könige vorgestellt, gewinnt dessen Gunst und wird zur Tafel und

Trinkgelagen zugelassen, wo er vorzüglich von europäischer Verfassung, Sitte, Religion dem schon wohlunterrichteten, wissensbegierigen Fürsten Rechenschaft zu geben hat.

Im Orient überhaupt, besonders aber in Persien, findet sich eine gewisse Naivetät und Unschuld des Betragens durch alle Stände bis zur Nähe des Throns. Zwar zeigt sich auf der obern Stufe eine entschiedene Förmlichkeit, bei Audienzen, Tafeln und sonst; bald aber entsteht in des Kaisers Umgebung eine Art von Karnevalsfreiheit, die sich höchst scherzhaft ausnimmt. Erlustigt sich der Kaiser in Gärten und Kiosken, so darf niemand in Stiefeln auf die Teppiche treten, worauf der Hof sich befindet. Ein tartarischer Fürst kömmt an, man zieht ihm den Stiefel aus; aber er, nicht geübt, auf *einem* Beine zu stehen, fängt an zu wanken; der Kaiser selbst tritt nun hinzu und hält ihn, bis die Operation vorüber ist. Gegen Abend steht der Kaiser in einem Hofzirkel, in welchem goldene, weingefüllte Schalen herumkreisen; mehrere von mäßigem Gewicht, einige aber durch einen verstärkten Boden so schwer, daß der ununterrichtete Gast den Wein verschüttet, wo nicht gar den Becher zu höchster Belustigung des Herrn und der Eingeweihten fallen läßt. Und so trinkt man im Kreise herum, bis einer, unfähig, länger sich auf den Füßen zu halten, weggeführt wird oder zur rechten Zeit hinwegschleicht. Beim Abschied wird dem Kaiser keine Ehrerbietung erzeigt, einer verliert sich nach dem andern, bis zuletzt der Herrscher allein bleibt, einer melancholischen Musik noch eine Zeitlang zuhört und sich endlich auch zur Ruhe begibt. Noch seltsamere Geschichten werden aus dem Harem erzählt, wo die Frauen ihren Beherrscher kitzeln, sich mit ihm balgen, ihn auf den Teppich zu bringen suchen, wobei er sich unter großem Gelächter nur mit Schimpfreden zu helfen und zu rächen sucht.

Indem wir nun dergleichen lustige Dinge von den innern Unterhaltungen des kaiserlichen Harems vernehmen, so dürfen wir nicht denken, daß der Fürst und sein Staatsdivan müßig oder nachlässig geblieben. Nicht der tätig-unruhige Geist Abbas' des Großen allein war es, der ihn antrieb, eine zweite Hauptstadt am Kaspischen Meer zu erbauen; Ferhabad lag zwar höchst günstig zu Jagd- und Hoflust, aber auch, von einer Bergkette geschützt, nahe genug an der Grenze, daß der Kaiser jede Bewegung der Russen und Türken, seiner Erbfeinde, zeitig vernehmen und Gegenanstalten treffen konnte. Von den Russen war gegenwärtig nichts zu fürchten, das innere Reich, durch Usurpatoren und Trugfürsten zerrüttet, genügte sich selbst nicht; die Türken hingegen hatte der Kaiser schon vor zwölf Jahren in der glücklichsten Feldschlacht dergestalt überwunden, daß er in der Folge von dorther nichts mehr zu befahren hatte, vielmehr noch große Landstrecken ihnen abgewann. Eigentlicher Friede jedoch konnte zwischen solchen Nachbarn sich nimmer befestigen, einzelne Neckereien, öffentliche Demonstrationen weckten beide Parteien zu fortwährender Aufmerksamkeit.

Gegenwärtig aber sieht sich Abbas zu ernsteren Kriegesrüstungen genötigt. Völlig im urältesten Stil ruft er sein ganzes Heeresvolk in die Flächen von Aderbijan zusammen, es drängt sich in allen seinen Abteilungen, zu Roß und Fuß, mit den mannigfaltigsten Waffen herbei; zugleich ein unendlicher Troß. Denn jeder nimmt wie bei einer Auswanderung Weiber,

Kinder und Gepäcke mit. Auch della Valle führt seine schöne Maani und ihre Frauen zu Pferd und Sänfte dem Heer und Hofe nach, weshalb ihn der Kaiser belobt, weil er sich hiedurch als einen angesehnen Mann beweist.

Einer solchen ganzen Nation, die sich massenhaft in Bewegung setzt, darf es nun auch an gar nichts fehlen, was sie zu Hause allenfalls bedürfen könnte; weshalb denn Kauf- und Handelsleute aller Art mitziehen, überall einen flüchtigen Basar aufschlagen, eines guten Absatzes gewärtig. Man vergleicht daher das Lager des Kaisers jederzeit einer Stadt, worin denn auch so gute Polizei und Ordnung gehandhabt wird, daß niemand bei grausamer Strafe weder furagieren noch requirieren, viel weniger aber plündern darf, sondern von Großen und Kleinen alles bar bezahlt werden muß; weshalb denn nicht allein alle auf dem Wege liegenden Städte sich mit Vorräten reichlich versehen, sondern auch aus benachbarten und entfernteren Provinzen Lebensmittel und Bedürfnisse unversiegbar zufließen.

Was aber lassen sich für strategische, was für taktische Operationen von einer solchen organisierten Unordnung erwarten? besonders wenn man erfährt, daß alle Volks-, Stamm- und Waffenabteilungen sich im Gefecht vermischen und ohne bestimmten Vorder-, Neben- und Hintermann, wie es der Zufall gibt, durcheinander kämpfen; daher denn ein glücklich errungener Sieg so leicht umschlagen und eine einzige verlorne Schlacht auf viele Jahre hinaus das Schicksal eines Reiches bestimmen kann.

Diesmal aber kommt es zu keinem solchen furchtbaren Faust- und Waffengemenge. Zwar dringt man mit undenkbarer Beschwernis durchs Gebirge; aber man zaudert, weicht zurück, macht sogar Anstalten, die eigenen Städte zu zerstören, damit der Feind in verwüsteten Landstrecken umkomme. Panischer Alarm, leere Siegesbotschaften schwanken durcheinander; freventlich abgelehnte, stolz verweigerte Friedensbedingungen, verstellte Kampflust, hinterlistiges Zögern verspäten erst und begünstigen zuletzt den Frieden. Da zieht nun ein jeder, auf des Kaisers Befehl und Strafgebot, ohne weitere Not und Gefahr, als was er von Weg und Gedränge gelitten, ungesäumt wieder nach Hause.

Auch della Valle finden wir zu Kasbin in der Nähe des Hofes wieder, unzufrieden, daß der Feldzug gegen die Türken ein so baldiges Ende genommen. Denn wir haben ihn nicht bloß als einen neugierigen Reisenden, als einen vom Zufall hin und wider getriebenen Abenteurer zu betrachten; er hegt vielmehr seine Zwecke, die er unausgesetzt verfolgt. Persien war damals eigentlich ein Land für Fremde; Abbas' vieljährige Liberalität zog manchen muntern Geist herbei; noch war es nicht die Zeit förmlicher Gesandtschaften; kühne, gewandte Reisende machen sich geltend. Schon hatte Sherley, ein Engländer, früher sich selbst beauftragt und spielte den Vermittler zwischen Osten und Westen; so auch della Valle, unabhängig, wohlhabend, vornehm, gebildet, empfohlen, findet Eingang bei Hofe und sucht gegen die Türken zu reizen. Ihn treibt ebendasselbe christliche Mitgefühl, das die ersten Kreuzfahrer aufregte; er hatte die Mißhandlungen frommer Pilger am heiligen Grabe gesehen, zum Teil mit erduldet, und allen westlichen Nationen war daran gelegen, daß Konstantinopel von Osten her beunruhigt werde: aber Abbas vertraut nicht den Christen, die, auf eignen Vorteil bedacht, ihm zur rechten Zeit niemals von ihrer

Seite beigestanden. Nun hat er sich mit den Türken verglichen; della Valle läßt aber nicht nach und sucht eine Verbindung Persiens mit den Kosaken am Schwarzen Meer anzuknüpfen. Nun kehrt er nach Ispahan zurück, mit Absicht, sich anzusiedeln und die römisch-katholische Religion zu fördern. Erst die Verwandten seiner Frau, dann noch mehr Christen aus Georgien zieht er an sich, eine georgianische Waise nimmt er an Kindes Statt an, hält sich mit den Karmeliten und führt nichts weniger im Sinne, als vom Kaiser eine Landstrecke zu Gründung eines neuen Roms zu erhalten.

Nun erscheint der Kaiser selbst wieder in Ispahan, Gesandte von allen Weltgegenden strömen herbei. Der Herrscher zu Pferd, auf dem größten Platze, in Gegenwart seiner Soldaten, der angesehnsten Dienerschaft, bedeutender Fremden, deren vornehmste auch alle zu Pferd mit Gefolge sich einfinden, erteilt er launige Audienzen; Geschenke werden gebracht, großer Prunk damit getrieben, und doch werden sie bald hochfahrend verschmäht, bald darum jüdisch gemarktet, und so schwankt die Majestät immer zwischen dem Höchsten und Tiefsten. Sodann, bald geheimnisvoll verschlossen im Harem, bald vor aller Augen handelnd, sich in alles Öffentliche einmischend, zeigt sich der Kaiser in unermüdlicher, eigenwilliger Tätigkeit.

Durchaus auch bemerkt man einen besondern Freisinn in Religionssachen. Nur keinen Mahometaner darf man zum Christentum bekehren; an Bekehrungen zum Islam, die er früher begünstigt, hat er selbst keine Freude mehr. Übrigens mag man glauben und vornehmen, was man will. So feiern zum Beispiel die Armenier gerade das Fest der Kreuzestaufe, die sie in ihrer prächtigen Vorstadt, durch welche der Fluß Senderud läuft, feierlichst begehen. Dieser Funktion will der Kaiser nicht allein mit großem Gefolge beiwohnen, auch hier kann er das Befehlen, das Anordnen nicht lassen. Erst bespricht er sich mit den Pfaffen, was sie eigentlich vorhaben, dann sprengt er auf und ab, reitet hin und her und gebietet dem Zug Ordnung und Ruhe, mit Genauigkeit, wie er seine Krieger behandelt hätte. Nach geendigter Feier sammelt er die Geistlichen und andere bedeutende Männer um sich her, bespricht sich mit ihnen über mancherlei Religionsmeinungen und Gebräuche. Doch diese Freiheit der Gesinnung gegen andere Glaubensgenossen ist nicht bloß dem Kaiser persönlich, sie findet bei den *Schiiten* überhaupt statt. Diese, dem Ali anhängend, der erst vom Kalifate verdrängt und, als er endlich dazu gelangte, bald ermordet wurde, können in manchem Sinne als die unterdrückte mahometanische Religionspartei angesehen werden; ihr Haß wendet sich daher hauptsächlich gegen die *Sunniten*, welche die zwischen Mahomet und Ali eingeschobenen Kalifen mitzählen und verehren. Die Türken sind diesem Glauben zugetan, und eine sowohl politische als religiöse Spaltung trennt die beiden Völker; indem nun die Schiiten ihre eigenen verschieden denkenden Glaubensgenossen aufs äußerste hassen, sind sie gleichgültig gegen andere Bekenner und gewähren ihnen weit eher als ihren eigentlichen Gegnern eine geneigte Aufnahme.

Aber auch, schlimm genug! diese Liberalität leidet unter den Einflüssen kaiserlicher Willkür! Ein Reich zu bevölkern oder zu entvölkern ist dem despotischen Willen gleich gemäß. Abbas, verkleidet auf dem Lande herumschleichend, vernimmt die Mißreden einiger armenischen Frauen und fühlt sich dergestalt beleidigt, daß er die grausamsten Strafen über die sämtlichen männlichen Einwohner des Dorfes verhängt. Schrecken und Bekümmernis verbreiten sich an den Ufern des Senderuds, und die Vorstadt Chalfa, erst durch die Teilnahme des Kaisers an ihrem Feste beglückt, versinkt in die tiefste Trauer.

Und so teilen wir immer die Gefühle großer, durch den Despotismus wechselsweise erhöhter und erniedrigter Völker. Nun bewundern wir, auf welchen hohen Grad von Sicherheit und Wohlstand Abbas als Selbst- und Alleinherrscher das Reich erhoben und zugleich diesem Zustand eine solche Dauer verliehen, daß seiner Nachfahren Schwäche, Torheit, folgeloses Betragen erst nach neunzig Jahren das Reich völlig zugrunde richten konnten; dann aber müssen wir freilich die Kehrseite dieses imposanten Bildes hervorwenden.

Da eine jede Alleinherrschaft allen Einfluß ablehnet und die Persönlichkeit des Regenten in größter Sicherheit zu bewahren hat, so folgt hieraus, daß der Despot immerfort Verrat argwöhnen, überall Gefahr ahnen, auch Gewalt von allen Seiten befürchten müsse, weil er ja selbst nur durch Gewalt seinen erhabenen Posten behauptet. Eifersüchtig ist er daher auf jeden, der außer ihm Ansehn und Vertrauen erweckt, glänzende Fertigkeiten zeigt, Schätze sammelt und an Tätigkeit mit ihm zu wetteifern scheint. Nun muß aber in jedem Sinn der Nachfolger am meisten Verdacht erregen. Schon zeugt es von einem großen Geist des königlichen Vaters, wenn er seinen Sohn ohne Neid betrachtet, dem die Natur in kurzem alle bisherigen Besitztümer und Erwerbnisse ohne die Zustimmung des mächtig Wollenden unwiderruflich übertragen wird.

Anderseits wird vom Sohne verlangt, daß er, edelmütig, gebildet und geschmackvoll, seine Hoffnungen mäßige, seinen Wunsch verberge und dem väterlichen Schicksal auch nicht dem Scheine nach vorgreife. Und doch! wo ist die menschliche Natur so rein und groß, so gelassen abwartend, so unter notwendigen Bedingungen mit Freude tätig, daß in einer solchen Lage sich der Vater nicht über den Sohn, der Sohn nicht über den Vater beklage? Und wären sie beide engelrein, so werden sich Ohrenbläser zwischen sie stellen, die Unvorsichtigkeit wird zum Verbrechen, der Schein zum Beweis. Wie viele Beispiele liefert uns die Geschichte! wovon wir nur des jammervollen Familienlabyrinths gedenken, in welchem wir den König Herodes befangen sehen. Nicht allein die Seinigen halten ihn immer in schwebender Gefahr, auch ein durch Weissagung merkwürdiges Kind erregt seine Sorgen und veranlaßt eine allgemein verbreitete Grausamkeit unmittelbar vor seinem Tode.

Also erging es auch Abbas dem Großen; Söhne und Enkel machte man verdächtig, und sie gaben Verdacht; einer ward unschuldig ermordet, der andere halbschuldig geblendet. Dieser sprach: »Mich hast du nicht des Lichts beraubt, aber das Reich.«

Zu diesen unglücklichen Gebrechen der Despotie fügt sich unvermeidlich ein anderes, wobei noch zufälliger und unvorgesehener sich Gewalttaten und Verbrechen entwickeln. Ein jeder Mensch wird von seinen Gewohnheiten regiert, nur wird er, durch äußere Bedingungen eingeschränkt, sich mäßig verhalten, und Mäßigung wird ihm zur Gewohnheit. Gerade das Entgegengesetzte findet sich bei dem Despoten; ein uneingeschränkter Wille steigert sich selbst und muß, von außen nicht gewarnt, nach dem völlig Grenzenlosen streben. Wir finden hiedurch das Rätsel gelöst, wie aus einem löblichen jungen Fürsten, dessen erste Regierungsjahre gesegnet wurden, sich nach und nach ein Tyrann entwickelt, der Welt zum Fluch und zum Untergang der Seinen; die auch deshalb öfters dieser Qual eine gewaltsame Heilung zu verschaffen genötigt sind.

Unglücklicherweise nun wird jenes dem Menschen eingeborne, alle Tugenden befördernde Streben ins Unbedingte seiner Wirkung nach schrecklicher, wenn physische Reize sich dazu gesellen. Hieraus entsteht die höchste Steigerung, welche glücklicherweise zuletzt in völlige Betäubung sich auflöst. Wir meinen den übermäßigen Gebrauch des Weins, welcher die geringe Grenze einer besonnenen Gerechtigkeit und Billigkeit, die selbst der Tyrann als Mensch nicht ganz verneinen kann, augenblicklich durchbricht und ein grenzenloses Unheil anrichtet. Wende man das Gesagte auf Abbas den Großen an, der durch seine funfzigjährige Regierung sich zum einzigen unbedingt Wollenden seines ausgebreiteten, bevölkerten Reichs erhoben hatte; denke man sich ihn freimütiger Natur, gesellig und guter Laune, dann aber durch Verdacht, Verdruß und, was am schlimmsten ist, durch übel verstandene Gerechtigkeitsliebe irregeführt, durch heftiges Trinken aufgeregt und, daß wir das Letzte sagen, durch ein schnödes, unheilbares körperliches Übel gepeinigt und zur Verzweiflung gebracht: so wird man gestehen, daß diejenigen Verzeihung, wo nicht Lob verdienen, welche einer so schrecklichen Erscheinung auf Erden ein Ende machten. Selig preisen wir daher gebildete Völker, deren Monarch sich selbst durch ein edles sittliches Bewußtsein regiert; glücklich die gemäßigten, bedingten Regierungen, die ein Herrscher selbst zu lieben und zu fördern Ursache hat, weil sie ihn mancher Verantwortung überheben, ihm gar manche Reue ersparen.

Aber nicht allein der Fürst, sondern ein jeder, der durch Vertrauen, Gunst oder Anmaßung Teil an der höchsten Macht gewinnt, kommt in Gefahr, den Kreis zu überschreiten, welchen Gesetz und Sitte, Menschengefühl, Gewissen, Religion und Herkommen zu Glück und Beruhigung um das Menschengeschlecht gezogen haben. Und so mögen Minister und Günstlinge, Volksvertreter und Volk auf ihrer Hut sein, daß nicht auch sie, in den Strudel unbedingten Wollens hingerissen, sich und andere unwiederbringlich ins Verderben hinabziehen.

Kehren wir nun zu unserm Reisenden zurück, so finden wir ihn in einer unbequemen Lage. Bei aller seiner Vorliebe für den Orient muß della Valle doch endlich fühlen, daß er in einem Lande wohnt, wo an keine Folge zu denken ist und wo mit dem reinsten Willen und größter Tätigkeit kein neues Rom zu erbauen wäre. Die Verwandten seiner Frau lassen sich nicht einmal durch Familienbande halten; nachdem sie eine Zeitlang zu Ispahan in dem vertraulichsten Kreise gelebt, finden sie es doch geratener, zurück an den Euphrat zu ziehen und ihre gewohnte Lebensweise dort fortzusetzen. Die übrigen Georgier zeigen wenig Eifer, ja die Karmeliten, denen das große Vorhaben vorzüglich am Herzen liegen mußte, können von Rom her weder Anteil noch Beistand erfahren.

Della Valles Eifer ermüdet, und er entschließt sich, nach Europa zurückzukehren, leider gerade zur ungünstigsten Zeit. Durch die Wüste zu ziehen scheint ihm unleidlich, er beschließt, über Indien zu gehen; aber jetzt eben entspinnen sich Kriegshändel zwischen Portugiesen, Spaniern und Engländern wegen Ormus, dem bedeutendsten Handelsplatz, und Abbas findet seinem Vorteil gemäß, teil daran zu nehmen. Der Kaiser beschließt, die unbequemen portugiesischen Nachbarn zu bekämpfen, zu entfernen und die hülfreichen Engländer zuletzt, vielleicht durch List und Verzögerung, um ihre Absichten zu bringen und alle Vorteile sich zuzueignen.

In solchen bedenklichen Zeitläuften überrascht nun unsern Reisenden das wunderbare Gefühl eigner Art, das den Menschen mit sich selbst in den größten Zwiespalt setzt, das Gefühl der weiten Entfernung vom Vaterlande, im Augenblick, wo wir, unbehaglich in der Fremde, nach Hause zurückzuwandern, ja schon dort angelangt zu sein wünschten. Fast unmöglich ist es, in solchem Fall sich der Ungeduld zu erwehren; auch unser Freund wird davon ergriffen, sein lebhafter Charakter, sein edles, tüchtiges Selbstvertrauen täuschen ihn über die Schwierigkeiten, die im Wege stehen. Seiner zu Wagnissen aufgelegten Kühnheit ist es bisher gelungen, alle Hindernisse zu besiegen, alle Plane durchzusetzen, er schmeichelt sich fernerhin mit gleichem Glück und entschließt sich, da eine Rückkehr ihm durch die Wüste unerträglich scheint, zu dem Weg über Indien, in Gesellschaft seiner schönen Maani und ihrer Pflegetochter Mariuccia.

Manches unangenehme Ereignis tritt ein als Vorbedeutung künftiger Gefahr; doch zieht er über Persepolis und Schiras, wie immer aufmerkend, Gegenstände, Sitten und Landesart genau bezeichnend und aufzeichnend. So gelangt er an den Persischen Meerbusen, dort aber findet er, wie vorauszusehen gewesen, die sämtlichen Häfen geschlossen, alle Schiffe nach Kriegsgebrauch in Beschlag genommen. Dort am Ufer, in einer höchst ungesunden Gegend, trifft er Engländer gelagert, deren Karawane, gleichfalls aufgehalten, einen günstigen Augenblick erpassen möchte. Freundlich aufgenommen, schließt er sich an sie an, errichtet seine Gezelte nächst den ihrigen und eine Palmhütte zu besserer Bequemlichkeit. Hier scheint ihm ein freundlicher Stern zu leuchten! Seine Ehe war bisher kinderlos, und zu größter Freude beider Gatten erklärt sich Maani guter Hoffnung; aber ihn ergreift eine Krankheit, schlechte Kost und böse Luft zeigen den schlimmsten Einfluß auf ihn und leider auch auf Maani, sie kommt zu früh nieder, und das Fieber verläßt sie nicht. Ihr standhafter Charakter, auch ohne ärztliche Hülfe, erhält sie noch eine Zeitlang, sodann aber fühlt sie ihr Ende herannahen, ergibt sich in frommer Gelassenheit, verlangt aus der Palmenhütte unter die Zelte gebracht zu sein, woselbst sie, indem Mariucia die geweihte Kerze hält und della Valle die herkömmlichen Gebete verrichtet, in seinen Armen verscheidet. Sie hatte das dreiundzwanzigste Jahr erreicht.

Einem solchen ungeheuren Verluste zu schmeicheln, beschließt er fest und unwiderruflich, den Leichnam in sein Erbbegräbnis mit nach Rom zu nehmen. An Harzen, Balsamen und kostbaren Spezereien fehlt es ihm, glücklicherweise findet er eine Ladung des besten Kampfers, welcher, kunstreich durch erfahrne Personen angewendet, den Körper erhalten soll.

Hiedurch aber übernimmt er die größte Beschwerde, indem er so fortan den Aberglauben der Kameltreiber, die habsüchtigen Vorurteile der Beamten, die Aufmerksamkeit der Zollbedienten auf der ganzen künftigen Reise zu beschwichtigen oder zu bestechen hat.

Nun begleiten wir ihn nach Lar, der Hauptstadt des Laristan, wo er bessere Luft, gute Aufnahme findet und die Eroberung von Ormus durch die Perser abwartet. Aber auch ihre Triumphe dienen ihm zu keiner Fördernis. Er sieht sich wieder nach Schiras zurückgedrängt, bis er denn doch endlich mit einem englischen Schiffe nach Indien geht. Hier finden wir sein Betragen dem bisherigen gleich; sein standhafter Mut, seine Kenntnisse, seine adligen Eigenschaften verdienen ihm überall leichten Eintritt und ehrenvolles Verweilen; endlich aber wird er doch nach dem Persischen Meerbusen zurück und zur Heimfahrt durch die Wüste genötigt.

Hier erduldet er alle gefürchteten Unbilden. Von Stammhäuptern dezimiert, taxiert von Zollbeamten, beraubt von Arabern und selbst in der Christenheit überall vexiert und verspätet, bringt er doch endlich Kuriositäten und Kostbarkeiten genug, das Seltsamste und Kostbarste aber, den Körper seiner geliebten Maani, nach Rom. Dort, auf Ara Coeli, begeht er ein herrliches Leichenfest, und als er in die Grube hinabsteigt, ihr die letzte Ehre zu erweisen, finden wir zwei Jungfräulein neben ihm, *Silvia*, eine während seiner Abwesenheit anmutig herangewachsene Tochter, und *Tinatin di Ziba*, die wir bisher unter dem Namen Mariuccia gekannt, beide ungefähr funfzehnjährig. Letztere, die seit dem Tode seiner Gemahlin eine treue Reisegefährtin und einziger Trost gewesen, nunmehr zu heiraten, entschließt er sich gegen den Willen sei-

Maani della Valle
Kupferstich aus der *Reiß-Beschreibung* (1674)

ner Verwandten, ja des Papstes, die ihm vornehmere und reichere Verbindungen zudenken. Nun betätigt er, noch mehrere Jahre glanzreich, einen heftig-kühnen und mutigen Charakter, nicht ohne Händel, Verdruß und Gefahr, und hinterläßt bei seinem Tode, der im sechsundsechzigsten Jahre erfolgt, eine zahlreiche Nachkommenschaft.

Filippo Neri

Der Heilige

S. Filippo Neri als Knabe
Kupferstich nach Barocci aus Fidanza,
Teste scelte, Band V (1759)

Philipp Neri,
der humoristische Heilige

Philipp Neri, in Florenz geboren 1515, erscheint von Kindheit auf als ein folgsamer, sittlicher Knabe von kräftigen Anlagen. Sein Bildnis als eines solchen ist glücklicherweise aufbewahrt in des Fidanza »Teste Scelte«, Tom. V, Bl. 31. Man wüßte sich keinen tüchtigern, gesündern, geradsinnigeren Knaben zu denken. Als Abkömmling einer edlen Familie wird er in allem Guten und Wissenswerten der Zeit gemäß unterrichtet und endlich, um seine Studien zu vollenden, man meldet nicht, in welchem Alter, nach Rom gesandt. Hier entwickelt er sich zum vollkommnen Jüngling; sein schönes Antlitz, seine reichen Locken zeichnen ihn aus; er ist anziehend und ablehnend zugleich, Anmut und Würde begleiten ihn überall.

Hier, zur traurigsten Zeit, wenige Jahre nach der grausamen Plünderung der Stadt, ergibt er sich, nach Vorgang und Beispiel vieler Edlen, ganz den Übungen der Frömmigkeit, und sein Enthusiasmus steigert sich mit den Kräften einer frischen Jugend. Unablässiges Besuchen der Kirchen, besonders der sieben Hauptkirchen, brünstiges Beten zu Herannötigung der Hülfe, fleißiges Beichten und Genuß des Abendmahls, Flehen und Ringen nach geistigen Gütern.

In solch einem enthusiastischen Momente wirft er sich einst auf die Stufen des Altars und zerbricht ein paar Rippen, welche, schlecht geheilt, ihm lebenslängliches Herzklopfen verursachen und die Steigerung seiner Gefühle veranlassen.

Um ihn versammeln sich junge Männer zu tätiger Sittlichkeit und Frömmigkeit, sie erweisen sich unermüdet, die Armen zu versorgen, die Kranken zu pflegen, und scheinen ihre Studien hintanzusetzen. Wahrscheinlich bedienen sie sich der Zuschüsse von Haus zu wohltätigen Zwecken, genug, sie geben und helfen immer und behalten nichts für sich, ja er lehnt nachher ausdrücklich alle Beihülfe von den Seinigen ab, um dasjenige, was Wohltätigkeit ihnen zuweiset, an Bedürftige zu wenden und selbst zu darben.

Dergleichen fromme Handlungen waren jedoch zu herzlich und lebhaft, als daß man nicht hätte suchen sollen, sich zugleich auf eine geistliche und gefühlvolle Weise über die wichtigsten Gegenstände zu unterhalten. Die kleine Gesellschaft besaß noch kein eigenes Lokal, sie erbat sich's bald in diesem, bald in jenem Kloster, wo dergleichen leere Räume wohl zu finden sein mochten. Nach einem kurzen stillen Gebet ward ein Text der Heiligen Schrift verlesen, worüber ein und der andere sich, auslegend oder anwendend, in einer kurzen Rede vernehmen ließ. Man besprach sich auch wohl hierüber, alles in bezug auf unmittelbare Tätigkeit; dialektische und spitzfindige Behandlung war durchaus verboten. Die übrige Tageszeit ward immerfort einer aufmerksamen Versorgung der Kranken, dem Dienst in Hospitälern, dem Beistande der Armen und Notleidenden gewidmet.

Da bei diesen Verhältnissen keine Beschränkung vorwaltete und man ebensogut kommen als gehen konnte, so vermehrte sich die Zahl der Teilnehmenden ungemein, so wie sich denn auch jene Versammlung ernster und umgreifender beschäftigte. Auch aus den Leben der Heiligen ward vorgelesen, Kirchenväter und Kirchengeschichte stellenweise zu Rate gezogen, worauf denn vier der Teilnehmenden, jeder eine halbe Stunde, zu sprechen das Recht und [die] Pflicht hatten.

Diese fromme tagtägliche, ja familiär-praktische Behandlung der höchsten Seelenangelegenheiten erregte immer mehr Aufmerksamkeit, nicht allein unter einzelnen, sondern sogar unter ganzen Körperschaften. Man verlegte die Versammlungen in die Kreuzgänge und Räume dieser und jener Kirche, der Zudrang vermehrte sich, besonders zeigte sich der Orden der Dominikaner dieser Art, sich zu erbauen, sehr geneigt und schloß sich zahlreich an die sich immer mehr ausbildende Schar an, welche durch die Kraft und den hohen Sinn ihres Anführers sich durchaus gleich und, wenn auch geprüft durch mancherlei Widerwärtigkeiten, auf demselben Pfade fortschreitend finden ließ.

Da nun aber nach dem hohen Sinne des trefflichen Vorgesetzten alle Spekulation verbannt, jede geregelte Tätigkeit aber aufs Leben gerichtet war und das Leben sich ohne Heiterkeit nicht denken läßt, so wußte der Mann auch hierin den unschuldigen Bedürfnissen und Wünschen der Seinigen entgegenzukommen. Bei eintretendem Frühling führte er sie nach Sant' Onofrio, welches, hoch und breit gelegen, in solchen Tagen die angenehmste Örtlichkeit anbot. Hier, wo bei der jungen Jahrszeit alles jung erscheinen sollte, trat, nach stillen Gebeten, ein hübscher Knabe hervor, rezitierte eine auswendig gelernte Predigt, Gebete folgten, und ein Chor besonders eingeladener Sänger ließ sich erfreulich und eindringlich zum Schlusse hören, welches um so bedeutender war, als die Musik damals weder ausgebreitet noch ausgebildet gefunden ward und hier vielleicht zum erstenmal ein religioser Gesang in freier Luft sich mitteilte.

Immer auf diese Weise fortwirkend, vermehrte sich die Kongregation und wuchs, so wie an Personenzahl, so an Bedeutung. Die Florentiner nötigten gleichsam ihren Landsmann, das von ihnen abhängige Kloster San Girolamo zu beziehen, wo denn die Anstalt sich immer mehr ausdehnte und auf gleiche Weise fortwirkte, bis ihnen endlich der Papst in der Nähe des Platzes Navona ein Kloster als eigentümlich anwies, welches, von Grund aus neu gebaut, eine gute Anzahl frommer Genossen aufnehmen konnte. Hier blieb es jedoch bei der früheren Einrichtung, Gotteswort, das will sagen heilig edle Gesinnungen, dem gemeinen Verstande sowie dem gemeinen Alltagsleben anzunähern und eigen zu machen. Man versammelte sich nach wie vor, betete, vernahm einen Text, hörte darüber sprechen, betete und ward zuletzt durch Musik ergötzt, und was damals öfter, ja täglich geschah, geschieht jetzt noch sonntags, und gewiß wird jeder Reisende, der nähere Kenntnis von dem heiligen Stifter genommen, sich künftighin, diesen unschuldigen Funktionen beiwohnend, vorzüglich erbauen, wenn er dasjenige, was wir vorgetragen haben und zunächst mitteilen, in Gemüt und Gedanke vorüber walten läßt.

Hier sind wir nun in dem Falle, in Erinnerung zu bringen, daß diese ganze Anstalt noch immer ans Weltliche grenzte. Wie denn nur wenige unter ihnen sich dem eigentlichen Priesterstande gewidmet hatten und nur so viel geweihte Geistliche unter ihnen gefunden wurden als nötig, Beichte zu sitzen und das Meßopfer zu verrichten. Und so war denn auch Philipp Neri selbst sechsunddreißig Jahre alt geworden, ohne sich zum Priestertum zu melden, denn er fand sich, wie es scheint, in seinem gegenwärtigen Zustande frei und weit mehr sich selbst überlassen, als er sich, mit kirchlichen Banden gefesselt, als Glied der großen Hierarchie, zwar hochgeehrt, aber doch beschränkt, gefühlt hätte.

Allein von oben her ließ man es dabei nicht bewenden, sein Beichtvater machte es ihm zur Gewissenssache, die Weihe zu nehmen und in den Priesterstand zu treten. Und so geschah es auch; nun hatte die Kirche klüglich einen Mann in ihren Kreis eingeschlossen, der unabhängigen Geistes bisher auf einen Zustand losging, worin das Heilige mit dem Weltlichen, das Tugendsame mit dem Alltäglichen sich vereinigen und vertragen sollte. Diese Veränderung aber, der Übergang zur Priesterschaft, scheint auf sein äußeres Benehmen nicht im mindesten eingewirkt zu haben.

Er übt nur noch strenger als bisher jede Entäußerung und lebt in einem schlechten Klösterchen mit andern kümmerlich zusammen. So gibt er die bei großer Teurung ihm verehrten Brote einem andern Bedürftigern und setzt seinen Dienst gegen Unglückliche immer fort.

Aber auf sein Inneres hat das Priestertum einen merkwürdig steigernden Einfluß. Die Verpflichtung zum Meßopfer versetzt ihn in einen Enthusiasmus, in eine Ekstase, wo man den bisher so natürlichen Mann gänzlich verliert. Er weiß kaum, wohin er schreitet, er taumelt auf dem Wege und vor dem Altare. Hebt er die Hostie in die Höhe, so kann er die Arme nicht wieder herunterbringen; es scheint, als zöge ihn eine unsichtbare Kraft empor. Beim Eingießen des Weins zittert und schaudert er. Und wenn er nach vollendeter Wandlung dieser geheimnisvollen Gaben genießen soll, erzeigt er sich auf eine wunderliche, nicht auszusprechende schwelgerische Weise. Vor Leidenschaft beißt er in den Kelch, indes er ahnungsvoll das Blut zu schlürfen glaubt des kurz vorher gleichsam gierig verschlungenen Leibes. Ist aber dieser Taumel vorüber, so finden wir zwar immer einen leidenschaftlich-wundersamen, aber immer höchst verständig-praktischen Mann.

Ein solcher Jüngling, ein solcher Mann, so lebhaft und seltsam wirkend, mußte den Menschen wunderlich und mitunter gerade durch seine Tugenden beschwerlich und widerwärtig vorkommen. Wahrscheinlich ist ihm dieses in dem Laufe seines früheren Lebens oft begegnet; nachdem er aber zum Priester geweiht ist und sich so eng und kümmerlich, gleichsam als Gast in einem armseligen Kloster behilft, treten Widersacher auf, die ihn mit Spott und Hohn unablässig verfolgen.

Doch wir gehen weiter und sagen, er sei ein höchst ausgezeichneter Mensch gewesen, der aber das einem jeden dieser Art angeborne Herrische zu beherrschen und in Entsagung, Entbehrung, Wohltätigkeit, Demut und Schmach den Glanz seines Daseins zu verhüllen trachtete. Der Gedanke, vor der Welt als töricht zu erscheinen und dadurch in Gott und göttliche Dinge sich erst recht zu versenken und zu üben, war sein andauerndes Bestreben, wodurch er sich und sodann auch seine Schüler ausschließlich zu erziehen unternahm. Die Maxime des heiligen Bernhard:

Spernere mundum,
Spernere neminem,
Spernere se ipsum,
Spernere se sperni,

schien ihn ganz durchdrungen zu haben, ja vielmehr aus ihm frisch wieder entwickelt zu sein.

Ähnliche Absichten, ähnliche Zustände nötigen den Menschen, in gleichen Maximen sich aufzuerbauen. Man kann gewiß sein, daß die erhabensten, innerlich stolzesten Menschen sich zu jenen Grundsätzen allein bequemen, indem sie das Widerwärtige einer dem Guten und Großen immer widerstrebenden Welt vorauszukosten und den bittern Kelch der Erfahrung, eh er ihnen noch angeboten ist, bis auf den Grund zu leeren sich entschließen. Grenzenlos und in ununterbrochener Reihe machen jene Geschichtchen, wie er seine Schüler geprüft, deren viele bis auf uns gekommen sind, jeden lebenslustigen Menschen, der sie vernimmt, wirklich ungeduldig, so wie diese Gebote demjenigen, der ihnen gehorchen sollte, höchst schmerzlich und nahezu unerträglich fallen mußten. Deswegen denn auch nicht alle eine solche Feuerprobe bestanden.

Eh wir aber uns auf dergleichen wunderbare und dem Leser gewissermaßen unwillkommne Erzählungen einlassen, wenden wir uns lieber noch einmal zu jenen großen Vorzügen, welche die Zeitgenossen ihm zugestehen und höchlich rühmen. Er habe, sagen sie, Kenntnisse und Bildung mehr von Natur als durch Unterricht und Erziehung erhalten; alles, was andere mühsam erwerben, sei ihm gleichsam eingegossen gewesen. Ferner habe er die große Gabe zu eigen gehabt, Geister zu unterscheiden, Eigenschaften und Fähigkeiten der Menschen zu würdigen und zu schätzen; zugleich habe er mit dem größten Scharfsinn die weltlichen Dinge durchdrungen, auf einen Grad, daß man ihm den Geist der Wahrsagung zuschreiben müssen. Auch ward ihm eine entschiedene Anziehungsgabe, welche auszudrücken die Italiener sich des schönen Wortes attrattiva bedienen, kräftig verliehen, die sich nicht allein auf Menschen erstreckte, sondern auch auf Tiere. Als Beispiel wird erzählt, daß der Hund eines Freundes sich ihm angeschlossen und durchaus gefolgt sei, auch bei dem ersten Besitzer, der ihn lebhaft zurückgewünscht und durch mancherlei Mittel ihn wieder zu gewinnen getrachtet, auf keine Weise verbleiben wollen, sondern sich immer zu dem anziehenden Manne zurück begeben, sich niemals von ihm getrennt, vielmehr zuletzt nach mehreren Jahren in dem Schlafzimmer seines erwählten Herrn das Leben geendet habe. Dieses Geschöpf veranlaßt uns nun auf jene Prüfungen, zu denen es selbst Gelegenheit gegeben, zurückzukommen. Es ist bekannt, daß Hundeführen, Hundetragen im Mittelalter überhaupt und wahrscheinlich auch in Rom höchst schimpflich gewesen. In dieser Rücksicht pflegte der fromme Mann jenes Tier an einer Kette durch die Stadt zu führen, auch mußten seine Schüler dasselbe auf den Armen durch die Straßen tragen und sich auf diese Weise dem Gelächter und Spott der Menge preisgeben.

Auch mutete er seinen Schülern und Genossen andere unwürdige Äußerlichkeiten zu. Einem jungen römischen Fürsten, welcher der Ehre, für ein Ordensglied zu gelten, mitgenießen wollte, wurde angesonnen, er solle mit einem hinten angehefteten Fuchsschwanze durch Rom spazieren, und, als er dies zu leisten sich weigerte, die Aufnahme in den Orden versagt. Einen andern schickte er ohne Überkleid und wieder einen mit zerrißnen Ärmeln durch die Stadt. Dieses letztern erbarmte sich ein Edelmann und bot ihm ein Paar neue Ärmel an, die der Jüngling ausschlug, nachher aber, auf Befehl des Meisters, dankbar abholen und tragen mußte. Beim Bau der neuen Kirche nötigte er die Seinen, gleich Taglöhnern die Materialien herbeizuschaffen und sie den Arbeitern zur Hand zu langen.

Gleichermaßen wußte er auch jedes geistige Behagen, das der Mensch an sich empfinden mochte, zu stören und zu vernichten. Wenn die Predigt eines jungen Mannes wohl zu gelingen und der Redner sich darin selbst zu gefallen schien, unterbrach er ihn in der Mitte des Worts, um an seiner Stelle weiterzusprechen, befahl auch wohl weniger fähigen Schülern, ungesäumt hinaufzutreten und zu beginnen, welche denn, so unerwartet angeregt, sich aus dem Stegreife besser als je zu erweisen das Glück hatten.

Man versetze sich in die zweite Hälfte des sechzehnten Jahrhunderts und den wüsten Zustand, in welchen Rom unter verschiedenen Päpsten wie ein aufgeregtes Element erschien, und man wird eher begreifen, daß ein solches Verfahren wirksam und mächtig sein mußte, indem es durch Neigung und Furcht, durch Ergebenheit und Gehorsam dem innersten Wollen des Menschen die große Gewalt verlieh, trotz allem Äußern sich zu erhalten, um allem, was sich ereignen konnte, zu widerstehen, da es befähigt, selbst dem Vernünftigen und Verständigen, dem Herkömmlichen und Schicklichen unbedingt zu entsagen.

Eine merkwürdige, obgleich schon bekannte Prüfungsgeschichte wird man hier wegen ihrer besondern

Anmut nicht ungern wiederholt finden. Dem Heiligen Vater war angekündigt, in einem Kloster auf dem Lande tue sich eine wunderwirkende Nonne hervor. Unser Mann erhält den Auftrag, eine für die Kirche so wichtige Angelegenheit näher zu untersuchen; er setzt sich auf sein Maultier, das Befohlene zu verrichten, kommt aber schneller zurück, als der Heilige Vater es erwartet. Der Verwunderung seines geistlichen Gebieters begegnet Neri mit folgenden Worten: »Heiligster Vater, diese tut keine Wunder, denn es fehlt ihr an der ersten christlichen Tugend, der Demut; ich komme, durch schlimmen Weg und Wetter übel zugerichtet, im Kloster an, ich lasse sie, in Eurem Namen, vor mich fordern, sie erscheint, und ich reiche ihr statt des Grußes den Stiefel hin, mit der Andeutung, sie solle mir ihn ausziehen. Entsetzt fährt sie zurück, und mit Schelten und Zorn erwidert sie mein Ansinnen; für was ich sie halte! ruft sie aus, die Magd des Herrn sei sie, aber nicht eines jeden, der daherkomme, um knechtische Dienste von ihr zu verlangen. Ich erhub mich gelassen, setzte mich wieder auf mein Tier, stehe wieder vor Euch, und ich bin überzeugt, Ihr werdet keine weitere Prüfung nötig finden.« Lächelnd beließ es auch der Papst dabei, und wahrscheinlich ward ihr das fernere Wundertun untersagt.

Wenn er aber sich dergleichen Prüfungen gegen andere erlaubte, so mußte er solche von Männern erdulden, welche, gleichen Sinnes, den nämlichen Weg der Selbstverleugnung einschlugen. Ein Bettelmönch, der aber auch schon im Geruch der Heiligkeit stand, begegnet ihm in der gangbarsten Straße und bietet ihm einen Schluck aus der Weinflasche, die er vorsorglich mit sich führt. Philipp Neri bedenkt sich nicht einen

Augenblick und setzt die langhalsige Korbflasche, den Kopf zurückbiegend, dreist an den Mund, indes das Volk laut lacht und spottet, daß zwei fromme Männer sich dergestalt zutrinken.

Philipp Neri, den es ungeachtet seiner Frömmigkeit und Ergebung einigermaßen durfte verdrossen haben, sagte darauf: »Ihr habt mich geprüft, nun ist die Reihe an mir« und drückte zugleich sein vierecktes Barett auf den Kahlkopf, welcher nun gleichfalls ausgelacht wurde, ganz ruhig fortging und sagte: »Wenn mir's einer vom Kopf nimmt, so mögt Ihr's haben.« Neri nahm es ihm ab, und sie schieden.

Freilich, dergleichen zu wagen und dennoch die größten sittlichen Wirkungen hervorzubringen, bedurfte es eines Mannes wie Philipp Neri, dessen Handlungen gar oft als Wunder anzusehen waren. Als Beichtiger machte er sich furchtbar und daher des größten Zutrauens würdig; er entdeckte seinen Beichtkindern Sünden, die sie verschwiegen, Mängel, die sie nicht beachtet hatten; sein brünstiges ekstatisches Gebet setzte seine Umgebungen als übernatürlich in Erstaunen, in einen Zustand, in welchem die Menschen wohl auch durch ihre Sinne zu erfahren glauben, was ihnen die Einbildungskraft, angeregt durchs Gefühl, vorbilden mochte. Wozu denn noch kommt, daß das Wunderbare, ja das Unmögliche, erzählt und wieder erzählt, endlich vollkommen die Stelle des Wirklichen, des Alltäglichen einnimmt. Hierher gehört, daß man ihn nicht allein verschiedentlich während des Meßopfers vor dem Altare wollte emporgehoben gesehen haben, sondern daß sich auch Zeugnisse fanden, man habe ihn, kniend um das Leben eines gefährlichst Kranken betend, dergestalt von der Erde emporgehoben erblickt, daß er mit dem Haupte beinahe die Decke des Zimmers berührt.

Bei einem solchen durchaus dem Gefühl und der Einbildungskraft gewidmeten Zustande war es ganz natürlich, daß die Einmischung auch widerwärtiger Dämonen nicht ganz auszubleiben schien.

Oben zwischen dem verfallenen Gemäuer der Antoninischen Bäder sieht wohl einmal der fromme Mann in äffischer Ungestalt ein widerwärtiges Wesen herumhupfen, das aber auf sein Geheiß alsogleich zwischen Trümmern und Spalten verschwindet. Bedeutender jedoch als diese Einzelheit ist, wie er gegen seine Schüler verfährt, die ihn von seligen Erscheinungen, womit sie von der Mutter Gottes und andern Heiligen beglückt worden, mit Entzücken benachrichtigen. Er, wohl wissend, daß aus dergleichen Einbildungen ein geistlicher Dünkel, der schlimmste und hartnäckigste von allen, gewöhnlich entspringe, versichert sie deshalb, daß hinter dieser himmlischen Klarheit und Schönheit gewiß eine teuflische häßliche Finsternis verborgen liege. Dieses zu erproben, gebietet er ihnen: bei der Wiederkehr einer so holdseligen Jungfrau ihr gerade ins Gesicht zu speien; sie gehorchen, und der Erfolg bewährt sich, indem auf der Stelle eine Teufelslarve hervortritt.

Der große Mann mag dieses mit Bewußtsein oder, was wahrscheinlicher ist, aus tiefem Instinkt geboten haben; genug, er war sicher, daß jenes Bild, welches eine phantastische Liebe und Sehnsucht hervorgerufen hatte, nun, durch das entgegenwirkende Wagnis von Haß und Verachtung, unmittelbar in eine Fratze sich verwandeln würde.

Ihn berechtigten jedoch zu einer so seltsamen Pädagogik die außerordentlichsten, zwischen den höchst geistigen und höchst körperlichen schwebend erscheinenden Naturgaben: Gefühl einer sich nahenden, noch ungesehenen Person, Ahnung entfernter Begebenheiten, Bewußtsein der Gedanken eines vor ihm Stehenden, Nötigung anderer zu seinen Gedanken.

Diese und dergleichen Gaben sind unter mehreren Menschen ausgeteilt, mancher kann sich derselben ein und das anderemal rühmen, aber die ununterbrochene Gegenwart solcher Fähigkeiten, die in jedem Falle bereite Ausübung einer so staunenswürdigen Wirksamkeit, dies ist vielleicht nur in einem Jahrhundert zu denken, wo zusammengehaltene, unzersplitterte Geistes- und Körperkräfte sich mit erstaunenswürdiger Energie hervortun konnten.

Betrachten wir aber eine solche nach unabhängigem grenzenlosen, geistigen Wirken sich hinsehnende und hingetriebene Natur, wie sie durch die streng umfassenden römisch-kirchlichen Bande sich wieder zusammengehalten fühlen muß.

Die Wirkungen des heiligen Xaverius unter den abgöttischen Heiden mögen freilich damals in Rom großes Aufsehn gemacht haben. Dadurch aufgeregt, fühlten Neri und einige seiner Freunde sich gleichfalls nach dem sogenannten Indien gezogen und wünschten mit päpstlicher Erlaubnis sich dorthin zu verfügen. Allein der wahrscheinlich von oben her wohl instruierte Beichtvater redete ihnen ab und gab zu bedenken, daß für gottselige, auf Besserung des Nächsten, auf Ausbreitung der Religion gerichtete Männer in Rom selbst ein genugsames Indien zu finden und ein würdiger Schauplatz für deren Tätigkeit offen sei. Man verkündigte ihnen, daß der großen Stadt selbst zunächst ein großes Unheil bevorstehen möchte, indem die drei Brunnen vor dem Tore St. Sebastian trüb und blutig seit einiger Zeit geflossen, welches als eine untrügliche Andeutung zu betrachten sei.

Mag also der würdige Neri und seine Gesellen, hiedurch beschwichtigt, innerhalb Roms ein wohltätiges wunderwirkendes Leben fortgesetzt haben, so viel ist gewiß, daß er von Jahr zu Jahr an Vertrauen und Achtung bei Großen und Kleinen, Alten und Jungen zugenommen.

Bedenke man nun die wundersame Komplikation der menschlichen Natur, in welcher sich die stärksten Gegensätze vereinigen, Materielles und Geistiges, Gewöhnliches und Unmögliches, Widerwärtiges und Entzückendes, Beschränktes und Grenzenloses, dergleichen aufzuführen man noch ein langes Register fortsetzen könnte; bedenke man einen solchen Widerstreit, wenn er in einem vorzüglichen Menschen sich ereignet und zutage tritt, wie er durch das Unbegreifliche, was sich aufdringt, den Verstand irremacht, die Einbildungskraft losbindet, den Glauben überflügelt, den Aberglauben berechtigt und dadurch den natürlichen Zustand mit dem unnatürlichsten in unmittelbare Berührung, ja zur Vereinigung bringt; gehe man mit diesen Betrachtungen an das weitläufig überlieferte Leben unseres Mannes, so wird es uns faßlich scheinen, was ein solcher, der beinahe ein ganzes Jahrhundert auf einem so großen Schauplatze in einem ungeheuern Elemente ununterbrochen und unablässig gewirkt, für einen Einfluß müsse erlangt haben. Die hohe Meinung von ihm ging so weit, daß man nicht allein von seinem gesunden, kräftigen Wirken Nutzen, Heil und seliges Gefühl sich zueignete, sondern daß sogar seine Krankheiten das Vertrauen vermehrten, indem man sie als Zeichen seines innigsten Verhältnisses zu Gott und dem Göttlichsten anzusehen sich bewogen fand. Hier begreifen wir nun, wie er schon lebend der Würde eines Heiligen entgegenging und sein Tod nur bekräftigen konnte, was ihm von den Zeitgenossen zugedacht und zugestanden war.

Deshalb auch, als man bald nach seinem Verscheiden, welches von noch mehr Wundern als sein Leben begleitet war, an Papst Clemens VIII. die Frage brachte: ob man mit der Untersuchung, dem sogenannten Prozeß, welcher einer Seligsprechung vorausgeht, den Anfang machen dürfe, dieser die Antwort erteilte: »Ich habe ihn immer für einen Heiligen gehalten und kann daher nichts dagegen einwenden, wenn ihn die Kirche im allgemeinen den Gläubigen als solchen erklären und vorstellen wird.«

Nun aber dürfte es auch der Aufmerksamkeit wert gehalten werden, daß er in der langen Reihe von Jahren, die ihm zu wirken gegönnt wurden, funfzehn Päpste erlebt, indem er unter Leo X. geboren, unter Clemens VIII. seine Tage beschloß; daher er denn auch eine unabhängige Stellung gegen den Papst selbst zu behaupten sich anmaßte und als Glied der Kirche sich zwar ihren allgemeinen Anordnungen durchaus gleichstellte, aber im einzelnen sich nicht gebunden, ja sogar gebieterisch gegen das Oberhaupt der Kirche bewies. Nun läßt es sich denn auch erklären, daß er die Kardinalswürde durchaus abschlug und in seiner Chiesa nuova, gleich einem widerspenstigen Ritter in einer alten Burg, sich gegen den obersten Schutzherrn unartig zu betragen herausnahm.

Der Charakter jener Verhältnisse jedoch, wie sie sich

am Ende des sechzehnten Jahrhunderts aus den früheren, roheren Zeiten seltsam genug gestaltet erhielten, kann durch nichts deutlicher vor Augen gestellt, eindringlicher dem Geiste dargebracht werden als durch ein Memorial, welches Neri kurz vor seinem Tode an den neuen Papst Clemens VIII. ergehen ließ, worauf eine gleich wunderliche Resolution erfolgte.

Wir sehen hieraus das auf eine andere Weise nicht zu schildernde Verhältnis eines bald achtzigjährigen, dem Rang eines Heiligen entgegengehenden Mannes zu einem bedeutenden, tüchtigen, während seiner mehrjährigen Regierung höchst achtbaren souveränen Oberhaupte der römisch-katholischen Kirche.

Memorial des Philipp Neri an Clemens VIII.

»Heiligster Vater! Und was für eine Person bin ich denn, daß die Kardinäle mich zu besuchen kommen, und besonders gestern abend die Kardinäle von Florenz und Cusano? Und weil ich ein bißchen Manna in Blättern nötig hatte, so ließ mir gedachter Kardinal von Florenz zwei Unzen von Santo Spirito holen, indem der Herr Kardinal in jenes Hospital eine große Quantität geschickt hatte. Er blieb auch bis zwei Stunden in die Nacht und sagte so viel Gutes von Ew. Heiligkeit, viel mehr, als mir billig schien; denn da Sie Papst sind, so sollten Sie die Demut selber sein. Christus kam um sieben Uhr in der Nacht, sich mir einzuverleiben, und Ew. Heiligkeit könnte auch wohl einmal in unsre Kirche kommen. Christus ist Mensch und Gott und besucht mich gar manchmal. Ew. Heiligkeit ist nur ein bloßer Mensch, geboren von einem heiligen und rechtschaffenen Mann, jener aber von Gottvater. Die Mutter von Ew. Heiligkeit ist Signora Agnesina, eine sehr gottesfürchtige Dame; aber jenes die Jungfrau aller Jungfrauen. Was hätte ich nicht alles zu sagen, wenn ich meiner Galle freien Lauf lassen wollte. Ich befehle Ew. Heiligkeit, daß Sie meinen Willen tun wegen eines Mädchens, das ich nach Torre de' specchi schaffen will. Sie ist die Tochter von Claudio Neri, dem Ew. Heiligkeit versprochen hat, daß Sie seine Kinder beschützen will; und da erinnere ich Sie, daß es hübsch ist, wenn ein Papst sein Wort hält. Deswegen übergeben Sie mir gedachtes Geschäft und so, daß ich mich im Notfall Ihres Namens bedienen könne; um so mehr, da ich den Willen des Mädchens weiß und gewiß bin, daß sie durch göttliche Eingebung bewegt wird, und mit der größten Demut, die ich schuldig bin, küsse ich die heiligsten Füße.«

Eigenhändige Resolution des Papstes, unter das Memorial geschrieben

»Der Papst sagt, daß dieser Aufsatz in seinem ersten Teil etwas vom Geiste der Eitelkeit enthält, indem Er dadurch erfahren soll, daß die Kardinäle Dieselben so oft besuchen; wenn uns nicht etwa dadurch angedeutet werden soll, daß diese Herren geistlich gesinnt sind; welches man recht gut weiß. Daß Er nicht gekommen ist, Dieselben zu sehen, darauf sagt Er: daß es Ew. Ehrwürden nicht verdienen, da Sie das Kardinalat nicht haben annehmen wollen, das Ihnen so oft angetragen worden. Was den Befehl betrifft, so ist Er zufrieden, daß Dieselben mit ihrer gewöhnlichen Befehlshaberei denen guten Müttern einen tüchtigen Filz geben, die es Denenselben nicht nach Ihrem Sinne machen. Nun befiehlt Er Denselben aber, daß Sie sich wahren und nicht Beichte sitzen ohne Seine Erlaubnis. Kommt aber unser Herr Dieselben besuchen, so bitten Sie für uns und für die dringendsten Notdurften der Christenheit.«

S. Filippo Neri
Bronzemedaille
Aus Goethes Sammlungen (SWK)

Anhang

Anmerkungen

Siglen und Abkürzungen

BA	Goethe, *Poetische Werke, Kunsttheoretische Schriften und Übersetzungen* (Berliner Ausgabe), 22 Bde., Berlin 1960–1978.
BaG	*Briefe an Goethe* (Hamburger Ausgabe), hg. von Karl Robert Mandelkow, 2 Bde., Hamburg 1965 und 1969.
CGZ	*Corpus der Goethezeichnungen*, hg. von Gerhard Femmel u. a., 7 Bde. (in 10), Leipzig 1958–1973.
DWb	*Deutsches Wörterbuch*, hg. von Jacob und Wilhelm Grimm u. a., 16 Bde. (in 32), Leipzig 1854–1971.
FrA	Goethe, *Sämtliche Werke. Briefe, Tagebücher und Gespräche* (Frankfurter Ausgabe), hg. von Friedmar Apel u. a., 40 Bde., Frankfurt a. M. 1985–1999.
GMD	Goethe-Museum Düsseldorf.
GSA	Goethe- und Schiller-Archiv Weimar.
GWb	*Goethe-Wörterbuch*, hg. von der dt. Akademie der Wissenschaften zu Berlin [...], Stuttgart 1966 ff.
Herwig	*Goethes Gespräche. Eine Sammlung zeitgenössischer Berichte* [...], hg. von Wolfgang Herwig, 5 Bde. (in 6), Zürich/Stuttgart/München 1965–1987.
Hs.	Handschrift.
IR	Goethe, *Italienische Reise.*
MA	Goethe, *Sämtliche Werke nach Epochen seines Schaffens* (Münchner Ausgabe), hg. von Karl Richter u. a., 20 Bde. (in 32), München 1985–1998.
SWK	Stiftung Weimarer Klassik.
WA	*Goethes Werke* (Weimarer Ausgabe), hg. im Auftrage der Großherzogin Sophie von Sachsen, 133 Bde. (in 143) (Abt. I–IV), Weimar 1887–1919.

Prinz Palagonia

Aus: *Italienische Reise. Zweiter Teil.* 1817
Vorlage: BA 14, S. 415–420 und 423f.

Gleich nach seiner Ankunft in Palermo (2. April 1787) erkundete G. die Umgebung der Stadt, so am 4. April aus geologischem Interesse das Tal des Flusses Oreto, den Monte Pellegrino (7. April), die südlich von Palermo gelegene Gegend Ai Colli (heute: Piana dei Colli, südlich von Mondello) und das Gebiet um den Ort Bagheria östlich von Palermo (9. April); dort registrieren seine Notizen auch die Villa Valguarnera, vom selben Architekten, Tomaso di Napoli, entworfen wie die im folgenden unter ganz anderem Aspekt wahrgenommene Villa Palagonia.

21 *beschäftigte uns* – G. und seinen Reisebegleiter auf Sizilien, den Maler Christoph Heinrich Kniep (1748–1825), einen »sehr treuen Landschaftsmaler«, der schon in Neapel für G. gearbeitet hatte; am 23. März 1787 war die Absprache getroffen worden, daß Kniep G. auf dessen Kosten begleiten und für ihn zeichnen sollte (»Alle Konture gehören mein«).

der Unsinn – In den Reisenotizen nur die neutralere Formulierung »Elemente der Tollheit des Prinzen Pallagonia«; die auch affektiv verschärften Wertungen nimmt G. dann in der IR vor, vielleicht um ein Exempel gegen die in seinen Augen romantisch kranken Künstler zu statuieren; im Publikationsjahr von IR II erschien auch der von G. und Meyer als Generalangriff gegen die Romantiker konzipierte Aufsatz *Neudeutsche religios-patriotische Kunst.* Ein warnender Hinweis auf den »pallagonischen Unsinn« noch 1828 in G.s Besprechung von Hittorff/Zanth, *Architecture moderne de la Sicile*.

des Prinzen Pallagonia – Ferdinando Francesco II. Gravina, Cruylas ed Agliata, (VII.) Principe di Palagonia (1722–1788; G. schreibt durchweg: Pallagonia); der Fürst wurde nach dem frühen Tod seines Vaters, Ignazio Sebastiano (gest. 1746), mit mehreren Gütern, darunter Palagonia, belehnt; 1749 heiratete er die reiche Erbin Maria Gioacchina Gaetani e Buglio. G. bezeichnet ihn in Unkenntnis als »Hagestolz« (10. April 1787). – Karl Lohmeyer, *Goethes »Prinz Pallagonia« und seine Familie*; in: Dt. Vierteljahrsschrift 20, 1942, S. 115–128; ders., *Palagonisches*

Barock. Das Haus der Laune des »Prinzen von Palagonia«, Frankfurt a. M. o. J. [1944]. Ein Porträt des Fürsten konnte auch von Lohmeyer nicht ermittelt werden.

21 *auch diese Torheiten* – In der IR äußert sich G. bereits bei seinem ersten gründlichen Gang durch Palermo generell kritisch über die Monumentalarchitektur: »Hier ist nicht, wie in Rom, ein Kunstgeist, welcher die Arbeit regelt; nur von Zufälligkeiten erhält das Bauwerk Gestalt und Dasein« (5. April 1787); nach dem Besuch des Klosters San Martino in Monreale am 10. April: »Heute hatten wir eine große Anstalt zu bedauern, die eben zu der Zeit versinkt, indessen an der andern Seite ein abgeschmacktes Unternehmen mit frischem Wachstum hervorsteigt« (10. April 1787), wobei G. nicht gewußt haben dürfte, daß das ›Unternehmen Palagonia‹ bereits an seinem Endpunkt angekommen war und nur wenig später durch den Bruder und die Nachkommen des Fürsten klassizistisch überholt wurde.

lesend und hörend vorgestellt – In den meisten Reisebeschreibungen seit Beginn des Sizilien-Tourismus in den sechziger Jahren des 18. Jh.s war die Villa Palagonia als groteske Sehenswürdigkeit, ihr Besitzer als »Mostro« (Ungeheuer) geschildert worden, so von Patrick Brydone 1770 (dt. Ausgabe 1774, 24. Brief; auf ihn stützte sich Herders Verdikt in seiner *Plastik* 1778: »Was Häßlichkeit in Formen für Würkung tue und wie sie selbst lesend uns Nervenbau und Gehirn zerreiße, versuche man an der Beschreibung des angenehmsten Reisebeschreibers von Sicilien, in der er den Zauberpalast des wahnsinnigsten Menschlicher Dämone mitteilt«), Richard Payne-Knight 1777, Jean Houel 1782 (dt. 1797, S. 121 bis 132), Abbé de Saint-Non 1787; mündliche Berichte wird G. schon in Rom erhalten haben, so Ende 1786 von Friedrich Münter. Lohmeyer hat auf die bereits sprichwörtliche Prominenz des Prinzen und seiner Kreationen in der belletristischen Literatur des späten 18. und frühen 19. Jh.s hingewiesen: Wielands *Diagoras von Melos*, Achim v. Arnims *Gräfin Dolores*, Heines *Harzreise* und seine *Florentinischen Nächte*, Stifters *Hagestolz*.

vom Absurden – »Absurd« ist – wie auch »abgeschmackt« – eine der von G. am häufigsten gebrauchten Negativ-Vokabeln (Belege in der Mehrzahl ab 1816).

21 *eigentlich ein Nichts* – Siehe. G.s Abwertung des »Winterkastens auf Weißenstein« bei Kassel (Wilhelmshöhe): »Ein Nichts um nichts, ein ungeheurer Konfektaufsatz« (angesichts der ›zweckmäßigen‹ und ›wahren‹ Architektur des antiken Aquädukts in Spoleto; IR, 27. Oktober 1786).

eine Stammtafel der Herkunft – Die Bemerkung ist bereits in den Reisenotizen vorbereitet: »Schon in Palermo bezweifelte ich des Pr. Pallagonia Originalität, er hat Vorgänger gehabt und Muster gefunden. Auf dem Weg nach Montreal [Monreale] stehen zwey Ungeheuer an einer Fontaine und auf der Salite [dem Anstieg] einige Vasen völlig in seinem Geschmack. Davon künftig mehr« (FrA I 15/2, S. 760).

Jener Brunnen in Palermo – 1554/55 von Francesco Camilliani für eine Villa in Florenz geschaffen, 1573 von der Stadt Palermo erworben und 1575 aufgestellt (Fontana Pretoria); G. in der IR unter dem 4. April 1787: »Es wird schwer halten, diesen Brunnen zu beschreiben. Auf einem mäßigen Platze steht ein rundes architektonisches Werk, nicht gar stockhoch, Sockel, Mauer und Gesims von farbigem Marmor; in die Mauer sind, in einer Flucht, mehrere Nischen angebracht, aus welchen, von weißem Marmor gebildet, alle Arten Tierköpfe auf gestreckten Hälsen herausschauen: Pferd, Löwe, Kamel, Elefant wechseln miteinander ab, und man erwartete kaum hinter dem Kreise dieser Menagerie einen Brunnen, zu welchem von vier Seiten durch gelassene Lücken marmorne Stufen hinaufführen, um das reichlich gespendete Wasser schöpfen zu lassen.«

22 *Art der Anlage* – Eine Schrägansicht der Gesamtanlage der Villa Palagonia in Augenhöhe aus dem freien Feld seitlich vom Torbau mit den Riesengardisten gibt eine Aquatinta-Abb. in Jean Pierre Louis Laurent Houels Werk *Voyage pittoresque des isles de Sicile, de Malte et de Lipari*, Bd. 1, Paris 1782, Tafel 31 (abgeb. bei Lohmeyer, dann in HA 11, Abb. 20, und MA 15, Abb. S. 303).

der Vater des Prinzen – Vielmehr der Großvater, Ferdinando Francesco I. Gravina, Principe di Palagonia (über ihn Lohmeyer 1944, S. 34, mit zwei Porträts: Abb. 25 und 28). Baubeginn der Villa 1715. Ihr Architekt Tomaso di Napoli wurde von Agatino Daidone künstlerisch unterstützt.

Wir treten also [...] – Die folgende ›Schloßführung‹ folgt den detaillierten Notizen, die sich G. vor Ort gemacht hatte; das

Figuren-Ensemble spezifizierte er anhand eines selbstgezeichneten Grundrisses der Anlage (FrA I 15/2, S. 755–758).

22 *Riesen mit* [...] *Gamaschen* [...] *die heilige Dreieinigkeit* – Karl Lohmeyer sieht Vorbilder der Riesen in den Telamonen des Jupiter-Tempels von Agrigent und den Torriesen neben der Stauferburg von Palermo. Auch in der Dreifaltigkeits-Gruppe bemerkt er eine Laune des Fürsten: sie ist inkomplett, Christus fehlt.

23 *Zwerg* [...] *überall dieses Geschlecht bei geistlosen Scherzen* – Dem Principe wird, im Unterschied zu G., das ›Musterbuch‹ der Zwerge bekannt gewesen sein, das der berühmte Kupferstecher Jacques Callot 1616 in Florenz gezeichnet und wenig später in Nancy radiert hatte: *Varie figure Gobbi.* G.s einseitiger Verweis auf die Instrumentalisierung der Zwerge zu bloßen Scherzfiguren kontrastiert auch mit seiner andernorts, so in dem »Zwergenmärchen« *Die neue Melusine,* bezeugten Reverenz vor dem »ältesten Geschlecht der Welt«. Vgl. aber die ähnliche Negativfolie des abgewirtschafteten Hofnarren im *Faust II* (1. Akt) und die folgende Aufwertung dieser Charge durch Mephisto.

24 *Pulcinelle* – Typus aus der Commedia dell'arte wie aus dem Karneval: »die eigentliche Nationalmaske [...], ein wahrhaft gelassener, ruhiger, bis auf einen gewissen Grad gleichgültiger, beinahe fauler und doch humoristischer Knecht« (IR, Neapel, zum 19. März 1787).
Achill und Chiron mit Pulcinell – Der Kentaur Chiron, in der antiken Mythologie der Lehrer des Knaben Achill, paßt als Mischwesen zum Ensemble. Durch den Pulcinell wird die klassische Konstellation aufgebrochen, verfremdet; Lohmeyer sieht in der Travestie antiker Mythen eine der Hauptabsichten Palagonias und die stärkste Provokation der ›Klassizisten‹.

25 *die Gesimse der kleinen Häuser durchaus schief* – Lohmeyer hält eine Augentäuschung G.s für möglich: »Er hat sich hier offenbar durch die in Sizilien übliche Führung der Wassertraufen irreleiten lassen, die das vom flachen Dach der kleinen Häuser herablaufende Wasser in leichtem Gefälle zu den einzelnen senkrecht ableitenden Traufen führen« (1944; S. 14). Doch hatte G. eine viel weiter gehende Irritation empfunden, wie sein 1805 angestellter Vergleich der »gereimten Tollhausproduktion« *Athenor* mit der palagonischen Architektur zeigt:

»Wir empfanden nämlich eine Art von Schwindel, wie sie den zu überfallen pflegt, dem etwas ganz Inkongruentes und also seiner Natur nach Unmögliches doch wirklich vor Augen steht; es war die, wie wir den Garten und Palast des Prinzen *Pallagonia* besuchten, der nicht allein, wie bekannt, durchaus mit Ungeheuern ausstaffiert ist, sondern wo auch, was weniger bekannt, an der Architektur sorgfältig alle horizontalen und vertikalen Linien vermieden sind, so daß alles im Stehen zugleich einzustürzen scheint« (BA 17, S. 388).

25 *Hydern* – Schlangen, Drachen, von griech. hydra: Wasserschlange.

den lorbeerbekränzten Kopf eines römischen Kaisers auf einer Zwerggestalt – Wohl doch keine Laune, sondern in konzentrierter Form die Erinnerung an die Vergänglichkeit des Ruhms, ein gestalthafter Appell an die Bescheidenheit wie der schon den römischen Triumphatoren folgende Mahner und der den mittelalterlichen Kaisern zugesellte Narr.

unter ihren Sammetpolstern Stacheln – Lohmeyer verweist auf ähnliche Arrangements in Schloß Hellbrunn bei Salzburg.

26 *Kniepen, dessen Künstlersinn* [...] *zur Verzweiflung getrieben* – Immerhin sind drei sorgfältig ausgeführte Zeichnungen, nicht nur die von G. erwähnte, überliefert (heute im GSA).

27 *zeichnete er zuletzt noch eine* – Siehe die Abb. S. 20 (Graphitstift, 17,5x22 cm; SWK/GSA, Inv.-Nr. 24/XXVI,B,111a). – G. selbst hat eine Figurengruppe zeichnerisch festgehalten (Erstveröffentlichung im Katalogband zur Ausstellung *Goethe in Italien*, Mainz 1986, Nr. 186; Original im GMD).

das [...] *höchst merkwürdige Wappen* – Auch dies ein Scherz des Fürsten zur Irreführung der Gäste; das echte Stammwappen der Gravina (auf der *Rück*seite des Casino) zeigt einen goldenen Stern und Doppelbänder in blauem Feld; G.s (und anderer) Irrtum hat im späten 19. Jh. zu dem ›psychologischen‹ Befund beigetragen, daß die »Denkart des jungen Prinzen schon früh auf das Gebiet widerlicher Abnormitäten« gelenkt worden sei (s. Lohmeyer 1942, S. 124).

ein Wunsch erfüllt – Verdeutlicht G.s Neugier auf die Person des Prinzen Palagonia.

in der großen Straße – Der »meilenlange« Corso (heute Corso Vittorio Emanuele/Corso Calatafimi), beidseitig von erhöhten »Schrittsteinen« eingefaßt.

27 *an jenem Laden* – In dem G. am 5. April »verschiedene Kleinigkeiten« eingekauft hatte, wobei er mit dem Ladenbesitzer in ein Gespräch über die Unreinlichkeit in der Stadt und Polizeimißbräuche gekommen war.

ein Laufer – Läufer, »franz. coureur de voiture, Diener in besonderer Kleidung, der der Kutsche vorauf läuft und Botendienste verrichtet, seit dem 17. Jahrh. von Frankreich her eingeführt« (DWb); der Vizekönig von Palermo stellte G. für die Dauer seines Aufenthalts einen »Laufer« als Fremdenführer zur Verfügung.

28 *über den Mist* – Das in der Straßenmitte zu einer dicken Schicht zusammengebackene Kehricht, das bei Wind auf die Schrittsteine zurückstäubte, im übrigen das schlechte Pflaster verdeckte und als elastischer Boden die abendliche Lustfahrt der Karossen des Adels abfederte.

in der Barbarei – In den Berberstaaten (Marokko, Algier, Tunis, Tripolis), aus denen sich die gefürchteten Seeräuber rekrutierten.

hätte er hierher jene großen Summen verwenden sollen – Aber schon Patrick Brydone hatte bemerkt, daß Palagonias ›Laune‹ über eine Generation lang eine Vielzahl von Künstlern und Handwerkern in Lohn und Brot gesetzt habe, wenn auch unter der Bedingung, daß sie sein Spiel mitspielten. Und selbst der kritische Johann Gottfried Seume bemerkt in seinem *Spaziergang nach Syrakus im Jahre 1802* angesichts der Bagheria: »Wenn [...] seine drollige Durchlaucht nur etwas zur Verschönerung der Gegend umher beigetragen hat, so will ich ihm die Mißhandlung der Mythologie, der ich übrigens selbst nicht außerordentlich hold bin, sehr gern verzeihen.«

Don Michele Odea

Aus: *Italienische Reise. Zweiter Teil.* 1817
Vorlage: BA 14, S. 482–492

Am 10. Mai 1787 (nach Eugenio Di Carlos Korrektur am 8.) waren G. und Kniep in Messina angelangt, wo sie zunächst in der Wohnung ihres Vetturins übernachteten, bevor sie am nächsten Tag in die einzige erhaltene Herberge umzogen. Eindrucksvoll wird der

Einzug in die durch das Erdbeben vom 5. Februar 1783 großenteils zerstörte Stadt geschildert. – Literatur zu G.s Aufenthalt in Messina: August Schneegans, *La Sicilia nella natura, nella storia e nella vita*, Firenze 1890 (dt. Ausgabe Leipzig 1905; dort S. 64–79); Eugenio Di Carlo, *Goethe a Messina*, Perugia 1933; ders., *Precisazioni sul soggiorno di Goethe a Messina*. In: Archivio Storico Messinense III 7 (1955/1956), S. 9–23; Augusto Placanica, *Goethe tra le rovine di Messina*, Palermo 1983.

31 *Der Konsul* – Giovanni Gaspare di Chapeaurouge, Generalkonsul der Republik Holland, hatte den Reisenden Geleit und Hilfe angeboten.
dem Gouverneur – Don Michele Odea, seit 1783 Standortkommandant und nun auch Beauftragter der Regierung für den Wiederaufbau; noch 1787 durch Giovanni Danero abgelöst. Seit Friedrich Münters *Nachrichten von Neapel und Sizilien, auf einer Reise in den Jahren 1785 und 1786 gesammlet* (Kopenhagen 1788; dt. 1790) wurde er bis in die neusten Kommentare hinein immer wieder irrtümlich als Feldmarschall irischer Herkunft bezeichnet: Nach dem Erdbeben sandte die Regierung in Palermo »einen Gouverneur nach Messina, der zugleich Commandant der Festung und General über die in der Stadt einquartierten Truppen war, und Aufsicht über die bürgerliche Regierung führen sollte. Dies war ein alter biedrer Irländer, Namens Odea, der seinem Amte vollkommen gewachsen war. Er war ein großer Freund der militärischen Subordination, und wuste Gelindigkeit und Strenge zu rechter Zeit zu gebrauchen, so daß die öffentliche Ordnung und Sicherheit in Messina weit schneller als in Calabrien wiederhergestellt wurde« (Münter, S. 485f.). Fairbairn's *Crests of the Families of Great Britain and Ireland*, Edinburgh o. J., verbucht den Familiennamen »Dea«; vielleicht wurde »Odea« als italianisierte Form von »O' Dea« hergeleitet.
ein Laufer – Siehe Anm. zu S. 27.
Pulcinellgebärden – Komisch übertrieben, wie für die Pulcinelle typisch (s. Anm. zu S. 24); vgl. auch die Selbstbeschreibung der Pulcinelle auf der Mummenschanz in *Faust II*: »Wir immer müßig, / Pantoffelfüßig, / Durch Markt und Haufen / Einher zu laufen. / Gaffend zu stehen, / Uns anzukrähen; / Auf solche Klänge / Durch Drang und Menge / Aalgleich zu

schlüpfen, / Gesamt zu hüpfen, / Vereint zu toben« (V. 5223 bis 5233).

31 *anständigen* – selbstbewußt-bescheidenen.

seiner Kleidung nach mit Malta verwandt – Siehe im folgenden die Bezeichnungen »Quasi-Malteser« und »Rotrock« für den Fremden, der demnach die Kleidung des Malteserordens trug, ohne selbst Ritter zu sein.

32 *den Betretenen* – den Ertappten.

33 *Palazzata* – Die 1622 von Prinz Emanuele Filiberto di Savoia in Auftrag gegebene Palastanlage (auch »Teatro Marittimo« genannt) von Simone Gulli. Den dramatischen Moment ihrer Zerstörung durch das Erdbeben vom Februar 1783 zeigt eine Aquatinta-Radierung in Houels *Voyage pittoresque* 1782 (Wiedergabe in Bd. 15 der MA, S. 376).

34 *wunderbaren Rettungen* – Friedrich Münter in den *Nachrichten von Neapel und Sizilien* (1790, S. 481): »Manche waren seit der ersten Erschütterung an den Mauern, Fenstern und Balkens [Balkons] ihrer Häuser, den einzigen nicht eingefallenen Theilen hängen geblieben und wurden hernach gerettet.«

Der Jesuiten Kollegium und Kirche – Das von Andrea Calamech (1514–1589) erbaute Jesuitenkollegium war 1783 bis auf das Portal verwüstet worden; die vom selben Architekten 1542 errichtete Jesuitenkirche San Gregorio, damals nur zum Teil zerstört, vernichtete das Erdbeben von 1908.

Sikaner und Sikuler – Die Ureinwohner Siziliens, die Sikaner (ursprünglich Iberer), wurden durch Einwanderer italischer Herkunft, die Sikuler, um 1030 v. Chr. in den Süden und Westen der Insel vertrieben, die Sikuler wiederum durch die griechische Kolonisation seit dem 8. Jh. v. Chr. verdrängt. Ausführlich (von G. vielleicht für die IR genutzt) behandelt Friedrich Stolberg die Ur- und Frühgeschichte Siziliens im 85. Brief seiner *Reise durch Deutschland, die Schweiz, Italien und Sizilien* (1794).

die Einladung des Zyklopen [...] *Odysseus* [...] *anrufend* – Über die mythische Vorzeit Siziliens hatte Thukydides berichtet: »Die ältesten Einwohner in einem Stück der Insel sollen die Kyklopen und Laistrygonen gewesen sein, von deren Ursprung ich aber so wenig etwas melden kann, als woher sie auf die Insel gekommen oder wo sie später von da hingeraten sind« (VI 2). G. hatte sich in Palermo mit allen Sinnen auf

»die Insel der seligen Phäaken« versetzt gefühlt. Am 15. April kaufte er sich eine Homer-Ausgabe. An seinem Trauerspiel *Nausikaa* dichtete er auf der Reise durch die Insel fort, zuletzt noch in Taormina. In der Erinnerung an die Sizilienreise schrieb er am 14. Februar 1798 an Schiller: »In welchem Glanze aber dieses Gedicht [die *Odyssee*] vor mir erschien als ich Gesänge desselben in Neapel und Sicilien las! [...] Ich gestehe daß es mir aufhörte ein Gedicht zu seyn, es schien die Natur selbst.« Gestalten und Ereignisse des alten Textes werden auf Gegenwärtiges projiziert oder dieses auf sie hin transparent. So gibt für das Abenteuer mit dem Gouverneur von Messina die Geschichte des Odysseus mit dem Kyklopen Polyphem (*Odyssee*, 9. Gesang), dem der Held durch List entkommt, die Gleichnisfolie ab, ja, sie steuert ein wenig dessen Inszenierung; selbst die Weiterfahrt nach Neapel, vorbei an den legendären Orten Charybdis und Skylla, erinnert noch an die odysseischen Abenteuer (14. Mai 1787).

35 *Vorsprache bei Pallas Athene* – Fürsprache bei der Schutzgöttin des Odysseus; die Anrufung des »Patrons« passend zur folgenden taktischen Rede G.s. Eine weitere Analogie zum Homerischen Polyphem-Abenteuer: Odysseus listig gewähltes Pseudonym »Niemand«, G.s Verteidigung seines Inkognitos.

die ungewöhnliche Stundenzahl – Die den Fremden irritierende italienische Zeitrechnung mit wechselnder Mitternachts- bzw. Mittags-Stunde; G. hatte sich das System bereits in Verona durch einen »Vergleichungs-Kreis der italienischen und deutschen Uhr« begreiflich gemacht (s. IR, 17. September 1786), spielt also nur den Unwissenden.

37 *Architektur dieser Väter, prunkhaft* – Schon zu Beginn seiner Reise äußert G. seinen Respekt vor der Weltklugheit und Lebensfreude der (von ihm meist »Väter« [von »patres«] genannten) Jesuiten: »Der Jesuiten Tun und Wesen hält meine Betrachtungen fest. Kirchen, Türme, Gebäude haben etwas Großes und Vollständiges in der Anlage, das allen Menschen insgeheim Ehrfurcht einflößt. Als Dekoration ist nun Gold, Silber, Metall, geschliffene Steine in solcher Pracht und Reichtum gehäuft, der die Bettler aller Stände blenden muß. Hier und da fehlt es auch nicht an etwas Abgeschmacktem, damit die Menschheit versöhnt und angezogen werde. Es ist dieses

überhaupt der Genius des katholischen äußeren Gottesdienstes; noch nie habe ich es aber mit so viel Verstand, Geschick und Konsequenz ausgeführt gesehen als bei den Jesuiten. Alles trifft darin überein, daß sie nicht wie andere Ordensgeistliche eine alte abgestumpfte Andacht fortsetzten, sondern sie dem Geist der Zeit zuliebe durch Prunk und Pracht wieder aufstutzten« (IR, 3. September 1786). In Augsburg analysiert er 1790, warum es ihm gleich wohl wird, wenn er auf eine Spur von Jesuiten trifft: »weil ich das größte, auf Instinkt, Kenntnis, Bedürfnis, Leben, Lust, Behagen gegründete Talent erkenne, die Menschen zum besten zu haben. Was einer für eine Kunst treibt, ist mir gleich, nur muß er Meister sein; diese waren Meister, und wer nicht tut wie sie, wird nicht Meister sein« (BA 14, S. 864).

38 *entgottesdiensteten* – Seit der Aufhebung des Jesuitenordens durch Papst Clemens XIV. im Jahr 1773.

Verlegenheit des Abenteuers – Die Sorge über den ungewissen Ausgang des Abenteuers.

39 *Gebirgsprodukte* [...] *manche Mühe* – Auf Sizilien hat G. nicht nur Gesteinslisten angelegt, sondern auch die berühmten Steinschneider in Palermo besucht und u. a. die *Lithologie sicilienne* des Comte de Borch (1778) kritisch studiert.

Calcara – Glasfluß, blaufarbiges (auch schwarzes oder grünes) Glas, als Nebenprodukt beim Brennen von Kalk gewonnen, für Schmuck und Verzierungen in Sizilien weit verbreitet; darüber las G. in Borchs Anhang zu seiner *Lithologie sicilienne* (»Discours sur la vitrification dite *Calcara di Palerme*«; s. IR, 13. April 1787). Echten Lapislazuli hatte G. am Modell der Trajanssäule in der »Kurfürstlichen Galerie« in München gesehen (IR, 6. September 1786).

41 *sich genauer zu verbinden* – in nähere Beziehung zu treten, Freundschaft zu schließen.

mich näher zu bezeichnen – G. wahrt auch hier, wie Fremden gegenüber auf der ganzen Italienreise, sein Inkognito.

42 *französischen Kauffahrer* – Onorato Roustan, Eigner des Schiffs »Idea«.

Bankier – Don Domenico e Maria Marchetti.

Kindern – Mädchen, jungen Frauen.

Madame de Staël

Aus: *Tag- und Jahres-Hefte* zu 1803 und 1804. 1830
Vorlage: BA 16, S. 115f., 119–123

47 *Frau von Staël* – Anna Louise Germaine de Staël-Holstein (1766–1817), Tochter des Bankiers und französischen Finanzministers Jacques Necker, 1786 verheiratet mit dem schwedischen Gesandten Baron von Staël-Holstein (1749–1802), als Schriftstellerin schon früh hervorgetreten und zu europäischem Ruhm gelangt (1796 übersetzte G. für Schillers »Horen« ihren *Essai sur les fictions*: *Versuch über die Dichtungen*). Mit ihrem autobiographischen Briefroman *Delphine* (1802) war sie auch dem deutschen Publikum bekannt geworden; 1807 folgte ihr Roman über die bedrohte romantische Kunst, *Corinne ou l'Italie*, 1810 der Ertrag ihrer Reise durch Deutschland, das Buch *De l' Allemagne*, im selben Jahr von Napoleon kassiert und vernichtet, nach seinem Erscheinen 1813 im Londoner Exil ein Bestseller (dt. Erstausgabe 1814). Durch ihre Gegnerschaft zu Napoleon, der sie schon 1803 verbannte, wuchsen ihr Ruhm und ihre Beliebtheit. Ihre postumen Bücher *Considérations sur la Révolution française*, 1818, und *Dix années d'exil*, 1820, stärkten die Gegner der Restauration.
kam anfangs Dezember in Weimar an – Am 14. Dezember 1803; Weiterreise nach Berlin 4. März 1804.
mit dem Programm beschäftigt – Vorbereitungen für die 1. Nummer der »Jenaischen Allgemeinen Literaturzeitung«: »Preisaufgaben für bildende Künstler, Rezensionen der eingesendeten Blätter, Preiserteilung, sonstig verwandte Ausführungen, Ausschreiben einer neuen Preisaufgabe: dieser Komplex von ineinandergreifenden Operationen, welcher bisher den ›Propyläen‹ angehört hatte, sollte nunmehr der ›Allgemeinen Literaturzeitung‹ zuteil werden. Das Programm hiezu beschäftigte mich in meiner diesmaligen Absonderung« (BA 16, S. 117).
Schiller über sie am 21. Dezember – Schiller, selber durch seine Arbeit am *Wilhelm Tell* unter Zeitdruck, schlägt G. eine erste Begegnung mit Madame de Staël in Weimar vor: »Alles kommt jetzt darauf an, daß Sie eilen, eine Anschauung von ihr zu bekommen, und sich einer gewissen Spannung zu entledigen.«

47 *Idealphilosophie* – Der spekulative Idealismus in der Nachfolge Kants, von Madame de Staël im 3. Teil von *De l'Allemagne* vor allem am Beispiel Fichtes und Schellings abgehandelt.

48 *mancherlei Schilderungen und Nachrichten* – Vor allem die Briefe von Schillers Frau (s. BaG I, S. 397–401); auch G.s Mutter hatte sich, allerdings erst am 13. Januar 1804, über Madame de Staël geäußert: »mich hat Sie gedrückt als wenn ich einen Mühlstein am Hals hängen hätte – ich ging Ihr überall aus dem Wege schlug alle Gesellschafften aus wo Sie war, und athmete freier als Sie fort war. Was will die Frau mit mir?? Ich habe in meinem Leben kein a.b.c.buch geschrieben und auch in Zukunft wird mich mein Genius davor bewahren« (BaG I, S. 404).

in dem nächsten Jahr – In den *Tag- und Jahres-Heften* zu 1804.

Schnecke – Name einer Steilstrecke westlich vor Jena.

so teure Erfahrung von 1801 – Ein heftiger Katarrh mit noch schlimmerem Rückfall im Januar 1801; G. über das Jenaer Schloß: »Das Gebäude liegt an dem tiefsten Punkte der Stadt, unmittelbar an der Mühllache; Treppe sowie Treppengebäude von Gips, als einer sehr kalten und verkältenden Steinart, an die sich bei eintretendem Tauwetter die Feuchtigkeit häufig anwirft, machen den Aufenthalt besonders im Winter sehr zweideutig« (*Tag- und Jahres-Hefte* zu 1801; BA 16, S. 65). Diesmal allerdings wurde G.s anhaltende Erkältung von einigen auch für ein Ausweichmanöver gehalten (Herwig, Bd. I, S. 901–904).

49 *erst durch Billette* – Verzeichnet in Bd. 4 der Regestausgabe der Briefe an G. – In ihrem ersten Schreiben an G. am Tag nach der Ankunft, am 15. Dezember 1803, bot sie an, nach Jena zu kommen; am 18. Dezember erbat sie zwei einfache Zimmer für sich und ihre sechsjährige Tochter: »je suis la personne du monde la plus indifférente à tout le matériel de la vie [...] – je vous dis cela pour que vous n'imaginiez pas de me recevoir comme un dame de paris, mais comme la femme du monde, qui a le plus pleuré à verther et au comte d'égmont« (»Ich bin die anspruchsloseste Person der Welt in bezug auf alles, was das Materielle des Lebens betrifft [...] – Ich sage Ihnen das, damit Sie nicht meinen, Sie müßten mich wie eine Dame aus Paris empfangen, sondern vielmehr als die Frau auf der Welt, die am meisten über Werther und den Grafen Egmont geweint hat«).

49 *durch Zwiegespräche, später in dem kleinsten Zirkel* – Das erste Treffen am 24. Dezember in G.s Haus in Weimar (mit dem Ehepaar Schiller, Herzog Carl August und Hofrat Stark); weitere Begegnungen am 27. und 29. Dezember 1803, am 2. und 23. Januar, 3., 6., 13., 16., 20. und 28. Februar 1804; zum kleinsten Zirkel gehörten auch Benjamin Constant und später Johannes v. Müller. Doch fand auch mindestens ein Treffen in großer Gesellschaft am Hof statt, wovon G. selbst berichtet. – Über ihre erste Begegnung mit G. schrieb Madame de Staël ihrem Vater: »Goethe me gâte beaucoup l'idéal de Werther. C'est un gros homme sans physiognomie, qui veut être un peu homme du monde, ce qui ne vaut rien à demi, et qui n'a rien de sensible ni dans le regard, ni dans la tournure d'esprit, ni dans les habitudes; mais c'est du reste un homme très fort dans l'ordre de pensées littéraires et métaphysiques qui l'occupent« (Herwig, Bd. I, S. 900; »Goethe hat mir mein Werther-Ideal ziemlich verdorben. Er ist ein beleibter Mensch ohne jeden markanten Zug, der ein bißchen Weltmann sein will, was ihm nicht einmal halbwegs gelingt. Er hat nichts Empfindsames, weder im Blick noch in seiner Geisteshaltung, noch in seinem ganzen Gebaren. Dessenungeachtet sind sein Scharfsinn und sein Sachverstand, was Literatur und Philosophie betrifft, sehr beeindruckend«).

als Weltfrau – G. bildet damit im Deutschen erstmals das Pendant zu »Weltmann«, eine sprachliche Kühnheit (oder Selbstverständlichkeit?), die offenbar keine Nachahmer gefunden hat; vielleicht hat G. die Worte »femme du monde« aus dem Brief der M.me de Staël vom 18. Dezember 1803 absolut genommen.

die Korrespondenz von ein paar Frauenzimmern mit Rousseau – *Correspondance originale et inédite de J. J. Rousseau avec Mad. Latour de Franqueville et Mr. du Peyron*, Paris 1802/03; die ersten beiden Bände enthalten den von Madame de Solar, einer Freundin der Madame Latour, eingeleiteten, von dieser fortgesetzten Briefwechsel, den Rousseau beendete, als er von Latours Absicht erfuhr, die Briefe drucken zu lassen. Das Werk war von Reichardt in der »Jenaischen Allgemeinen Literatur-Zeitung« vom 17. Januar 1804 besprochen worden; dazu G. an Schiller am 23. Januar 1804: »Ist denn doch nichts Neues unter der Sonne! und hat nicht unsere vortreffliche Reisende mir heute früh, mit der größten Naivität, versichert: daß sie meine Worte, wie sie solcher habhaft werden könne, sämtlich werde drucken lassen. Diese Nachricht von Rousseaus Briefen macht wirklich der gegenwärtigen Dame bei mir ein böses Spiel: Man sieht sich selbst und das fratzenhafte französische Weiberbestreben im diamantnen/adamantinen Spiegel« (MA 8.1, S. 968; Nr. 955).

49 *Sie hatten* [...] – Dazu gibt es eine abweichende Fassung: »Sie hatten ganz eigentlich den unzugänglichen Einsiedler mystificirt [behext] und einen Briefwechsel mit ihm eingeleitet, in der Absicht ihn drucken zu lassen. Nun hatte Frau von Stael gar kein Hehl, daß sie auch uns und unsere Zustände in einem Druckwerke über Deutschland einzuführen die Absicht habe, welches denn auf jedermann, besonders aber auf mich nicht den besten Eindruck machte.

Demungeachtet behandelte ich sie mit Offenheit und sie hatte Takt genug ein Individuum aufzufassen, das ihr durch seine Productionen schon bis auf einen gewissen Grad bekannt geworden. Sie sagte auch daher zu Personen, die mit mir nicht ganz zufrieden gewisse Eigenheiten tadelnd hervorzuheben sich zum Geschäft machten: ›sagt von Goethe was ihr wollt, wenigstens ist er natürlich.‹

Aber nicht allein wollte sie uns kennen lernen, wir auch sollten von ihr und ihrer Art zu seyn unterrichtet werden, wir sollten ihre Gefühle und Gesinnungen, ihren Charakter, ihr Talent anerkennen und an ihrer Existenz liebevoll Theil nehmen.

Übrigens brachte meine Abgeschiedenheit ihren Zwecken großen Vortheil; ich war nicht Zeuge wie sie mit weltkluger Art die übrigen Glieder der Gesellschaft sich zu verbinden wußte und was sie mir dahin in Billetten und in Zwiegesprächen von Aufmerksamkeit und Zuneigung erwies, konnte, ja durfte ich als mir allein gewidmet ansehen.

Im Zwiegespräch verbrachten wir manchen Abend und als bey ihrem wahrhaft gründlichen Interesse über die bedeutendsten Lebensfragen und meiner aufrichtigen Beantwortung noch immer ein geheimnißvoller Punct ganz fremder Vorstellungsarten übrig blieb, so steigerte sich das Gespräch sehr oft bis zu leidenschaftlicher Heftigkeit.

An die vorrevolutionaire große gute Gesellschaft gewöhnt wo das was man [Humeur?] nannte, ein augenblickliches

Rückkehren auf sich selbst, eine momentane Verschlossenheit nach außen, als höchstes Verbrechen gegen die Majestät der Societät verpönt war, konnte sie niemand auch nur einen Augenblick in Ruhe lassen, der um sich zu sammeln in stilles Nachdenken versank oder auf irgend eine Weise abwesend erscheinen mochte. So trat sie bei einem Abendbesuch mit der neusten Neuigkeit daß Moreau wegen einer Verschwörung gegen Napoléon gefangen sey, daß ihm der Prozeß gemacht werde, zwar lebhaft aber doch ziemlich gleichmüthig herein. Da ich nun überhaupt mich im fortdauernden Anschauen von Weltereignissen zu erhalten suche, wodurch ich in der Stimmung bleibe, den welthistorischen Werth einer Neuigkeit zu ahnen, mir das Vorhergehende zu vergegenwärtigen und in die Zukunft meine Fühlhörner auszustrecken, so verschloß mich ihre Erzählung freylich sogleich« (WA I 35, S. 310f.).

51 *wo sie »Phädra« vortrug* – Am 17. Januar 1804 las Madame de Staël Racines Tragödie am Weimarer Hof vor; G. hatte schon am 14. Januar Schiller seinen Überdruß bekundet: »Da ich jetzt krank und grämlich bin, so kommt es mir fast unmöglich vor jemals wieder solche Diskurse zu führen. Man begeht doch eigentlich eine Sünde wider den heiligen Geist, wenn man ihr auch nur im Mindesten nach dem Maule redt. Wäre sie bei Jean Paul in die Schule gegangen; so hielte sie sich nicht so lange in Weimar auf, sie mags auf ihre Gefahr nur noch drei Wochen probieren« (MA 8.1, S. 964; Nr. 949).

52 *Moreau ist arretiert* – Napoleon hatte General Jean Victor M. (1761–1813), einen seiner politischen Gegner, am 14. Januar 1804 wegen Hochverrats festnehmen lassen und nach der Verurteilung verbannt. G. hatte Moreau schon 1796, im Krieg zwischen Österreich und Frankreich, Aufmerksamkeit geschenkt. 1805–1813 lebte Moreau im Exil in Nordamerika; 1813 fiel er auf der Seite der russischen Armee im Kampf gegen Napoleon.

maussade – mürrisch.

sein Liedchen pfeifen – So der unbekümmert umherschweifende »Musensohn« in G.s Gedicht.

53 *Abendessen* – Wohl am 29. Januar 1804.

bespitzt – betrunken.

mit einer euphemistischen Phrase – mit einer harmlosen Umschreibung.

53 *Benjamin Constant* – Madame de Staëls Freund und Reisebegleiter, der ebenfalls von Napoleon aus Frankreich verbannte Schriftsteller Henri Benjamin C. de Rebecque (1767 bis 1830). G. äußert sich ausführlicher über ihn in dem Text »Verhältniß zu Frau von Staël«. Constant notierte nach der ersten Begegnung mit G. am 23. Januar 1804 in sein »Journal«: »Vu Goethe. Finesse, amour-propre, irritabilité physique jusqu'à la souffrance, esprit remarquable, beau regard, figure un peu dégradée« (»Goethe gesehen. Scharfsinn, Eigenliebe, physische Reizbarkeit bis zum Schmerz, bemerkenswerter Geist, schöner Blick, etwas mitgenommenes Aussehen«; Herwig, Bd. I, S. 904).

Im Zusammenhang mit den *Tag- und Jahres-Heften* zu 1803 und 1804 entstand, frühestens Ende Mai 1825, der folgende, 1829 aus den *Tag- und Jahres-Heften* ausgeschlossene fragmentarische Text:

[Verhältniß zu Frau von Staël]

»in mich selbst und ich vermochte nicht ihren zudringlichen Anfragen die gehörige Theilnahme zu beweisen; sie machte mir dagegen empfindliche Vorwürfe und schien mich über mein Betragen zurechtweisen zu wollen ich aber verstand keinen Spaß und erwiederte ihr mit einer großen Tiatribe [Diatribe: Erörterung] wie über die Wichtigkeit und Bedenklichkeit des Falls zeigte ihr wie [man] im allgemeinsten weltbürgerlichen Sinne an diesem Ereignisse Theil zu nehmen habe und schalt sie tüchtig aus daß sie als Französin mir diesen bedeutenden Fall eben als wäre es eine gewöhnliche Societäts Neuigkeit zu Anfang unseres Zusammenseyns überbracht habe.

Da sie nun aber selbst auf der Seite Moreaus gestellt ward so gefiel ihr meine Lebhaftigkeit um desto mehr und die Unterhaltung schloß sich aufs freundlichste.

Ihre Gegenwart hatte etwas reizendes in geistigem und körperlichem Sinne und sie schien es nicht übel zu nehmen wenn man von dieser Seite gerührt war, wie oft mochte sie Geselligkeit Wohlwollen Neigung und Leidenschaft zusammengeschmolzen haben, auch sagte sie einmal: ›ich habe niemals einem Manne vertraut der nicht einmal in mich verliebt gewesen wäre.‹ Die Bemerkung ist richtig denn wenn wie in der Liebe geschieht ein Mann sein Inneres aufgeschlossen und sich hingegeben hat so ist das ein Geschenk das er nicht zurücknehmen kann und es würde unmöglich seyn ein sonst [früher] geliebtes Wesen zu beschädigen oder ungeschützt zu lassen.

Und so enthielt sie sich nicht [sich] auch in andern Exhibitionen darzustellen. Ihre Vorlesung der Phädra der ich nicht beywohnen konnte brachte jedoch die vorauszusehende Wirkung hervor. Der Deutsche möchte wohl auf ewig dieser beschränkten Form, diesen abgemessenen und aufgedunsenen Pathos entsagt haben. Den darunter verborgenen hübschen natürlichen Kern mag er lieber entbehren als ihn aus so vieler nach und nach darum gehullten Unnatur gutmüthig herauszu klauben.

Mit Benjamin Constant hatte ich auch angenehme bedeutende Momente, er war überall zu Hause und ich konnte ihm wohl nach meiner Art manches genießbare Gute erwiedern aber immer blieb es zuletzt bey den Hauptpuncten bey eigenen nicht ganz genugthuenden Sprachwendungen ich mußte zufrieden seyn wenn er mein Deutsches mitgetheilte nur einigermassen angenähert übersetzte.

Späterhin langte noch [der Historiker] Johannes Müller an und es konnte an höchstbedeutender Unterhaltung nicht fehlen da der Herzog mein gnädigster Herr an solchen engen Abendkreisen Theil zu nehmen geneigt war.

Wie schwer es gewesen sey mit diesen trefflichen Gästen einigermassen auszudauern füge nur folgendes hinzu. Sie hatte eine [auf ihren Wunsch veranstaltete] Aufführung der natürlichen Tochter [G.s unvollendetem Drama von 1803] so gut wie erzwungen [am 21. Dezember 1803]; was wollte sie aber bey der wenigen pantomimischen Bewegung des Stücks aus der ihr völlig unverständlichen Redefülle herausnehmen, mir sagte sie ich habe nicht wohl gethan diesen Gegenstand zu behandeln; das Buch das den Stoff dazu hergegeben habe [Die *Mémoires historiques* der Stéphanie-Louise de Bourbon-Conti], werde nicht geschätzt und das Original der Heldin die darin figurire, werde in der guten Societät nicht geachtet. Als ich ihr darauf scherzhaft ablehnend antwortete versetzte sie: daß sey eben der große Fehler von uns deutschen Autoren daß wir uns nicht ums Publicum bekümmerten.

Ferner verlangte sie dringend das Mädchen von Andros [die Komödie *Andria* des römischen Dichters Terenz, in dt. Bearbeitung von A. H. Niemeyer] aufführen zu sehen ich erinnere mich aber nicht wie sie dieses antiquisirende Maskenwesen [bei den Aufführungen wurden Nachbildungen antiker Masken verwendet] mochte aufgenommen haben.

[Es folgt ein längerer rühmender Abschnitt über den Umgang mit Benjamin Constant.]« (Textvorlage: FrA I 17, S. 388f.)

Siehe den »Nachtrag«, S. 175.

Gottfried Christoph Beireis

Aus: *Tag- und Jahres-Hefte* zu 1805. 1830
Vorlage: BA 16, S. 144–162

Nach mehreren schweren Erkrankungen und der Erschütterung durch Schillers Tod am 9. Mai 1805 fuhr G. am 2. Juli mit Christiane und August zu einer Kur nach Bad Lauchstädt, wo er mit Unterbrechungen bis zum 5. September blieb. Vom 12. bis 22. Juli war er in Halle Gast des ihm befreundeten berühmten Altphilologen Friedrich August Wolf (1759–1824) und nahm an den Gastvorlesungen des Wiener Anatomen Franz Joseph Gall (1758–1828), des Begründers der Phrenologie, teil (ausführlicher Bericht in den *Tag- und Jahres-Heften* zu 1805). Am 14. August reisten G. und sein Sohn August mit Wolf über Bernburg und Magdeburg nach Helmstedt, um den Mediziner, Naturwissenschaftler und Sammler Beireis (1730–1809) zu besuchen; von dort kehrten sie am 25. August über Halberstadt (Gleim-Haus) und durch den Harz nach Lauchstädt zurück. – Aus der fast unübersehbaren Beireis-Literatur seien zwei besonders instruktive Arbeiten hervorgehoben: Alexander Bessmertny, *Gottfried Christoph Beireis*. In: Jb. der Sammlung Kippenberg 9, 1931, S. 96–178 (zit. Bessmertny); Dieter Matthes, *Goethes Reise nach Helmstedt und seine Begegnung mit Gottfried Christoph Beireis. Eine Untersuchung zum Bildstil der »Tag- und Jahreshefte«*. In: Braunschweigisches Jb. 49, 1968, S. 121–201 (mit Bibliogr.) (zit. Matthes).

57 *Dr. Gall war abgegangen* – Um seine Vorlesungsreise fortzusetzen; Mitte August hielt er sich in Weimar und Jena auf. »Wenn er nicht so geschwind nach Hause eilt, so kann er noch ganz Deutschland erobern« (G. an F. A. Wolf, 3. August 1805).
eigenen – besonderen.
problematische – umstrittene.

57 *beunruhigend gewirkt* – Siehe dazu die Kap. II (»Die Legende«) und IV (»Beireis in der Dichtung«) bei Bessmertny. – G. nennt Freunden gegenüber als Hauptmotiv für sein Besuchsvorhaben die Neugier auf den Sammler: »Nun hoffe ich noch vor meiner Rückkehr einen dritten bedeutenden Mann [nach Gall und G.s Lauchstädter Arzt Reil] kennen zu lernen; [...] den wunderlichen Beyreis in seinem Hamsterneste [...]. Man hat soviel von ihm und seinen Besitzungen gehört daß es nicht erlaubt ist beyde nicht selbst gesehen, gekannt und geprüft zu haben« (an Herzog Carl August, 5. August 1805). »Er ist seit langer Zeit deswegen merkwürdig, daß er Sammlungen aller Art zusammengebracht hat und zwar von solchem Umfang und Kostbarkeit, daß sie das Vermögen eines Particuliers zu überschreiten scheinen. Ich bin neugierig, alles das mit eigenen Augen zu sehen« (an Frau von Stein, 12. August 1805).

Professor Wolf – Ein ausführliches Charakterbild, auch des Umgangs mit ihm (»so herrschte in der ganzen Zeit eines längeren Zusammenseins eine aufgeregte Munterkeit, eine heftige Heiterkeit, die kein Stillstehen duldete«), gibt G. in den *Tag- und Jahres-Heften* am Beginn des Jahres 1805.

wie ein geheimnisvoller Greif – Ausführlich dazu Matthes, S. 141 bis 149 (IV. Der Greifenvergleich). – Vgl. die schatzhütenden Greife in *Faust II* (II. Akt: »Klassische Walpurgisnacht«), das von den Ameisen zusammengeschleppte Gold verteidigend: »Herein! Herein! Nur Gold zu Hauf, / Wir legen unsre Klauen drauf; / Sind Riegel von der besten Art, / Der größte Schatz ist wohl verwahrt« (V. 7602–7605). Matthes verweist auf die mythengeschichtliche, rationalistische Schrift des Mineralogen und Beireis-Schülers August Ferdinand Graf von Veltheim, *Von den goldgrabenden Ameisen und Greiffen der Alten, eine Vermutung* (1799/1800), die G. nach dem Beireis-Besuch von Wolf zugeschickt bekommen und (wieder-)gelesen hatte. Auch eine physiognomische Ähnlichkeit zwischen Beireis (»vogelartige Züge«) und einem Greifenkopf könnte, so Matthes (S. 147), G. konstatiert haben: »Goethe hat Beireis nicht nur mit einem Greifen verglichen, sondern er hat in Beireis den Greifen geschaut.«

58 *ungehudelt* – ungeschoren; ohne bissige Bemerkungen.

drei Erzbischöfe – Siehe die Abb. bei Matthes, S. 143, Tafel 1.

58 *Adelbert II.* – Vielmehr Friedrich I. von Wettin († 1152); im Chorumgang.

Friedrich – Vermutlich Wichmann von Seeburg († 1192), seit 1152 Erzbischof von Magdeburg; im Chorumgang.

Ernst [...] *1499* – Richtig: 1495; in der sogen. Ernst-Kapelle.

59 *verzeichnete meine Bemerkungen* – G.s Aufzeichnungen (BA 19, S. 449–452: *Über Magdeburger Kunstsachen*) beziehen sich auf August Christian Meineckes *Beschreibung der vorzüglichsten Merkwürdigkeiten und Kunstsachen der Stadt Magdeburg* (1786). Als Beispiel G.s Notizen über ›Adelbert‹: »Das Monument ist von Erz, war zum Liegen auf dem Grabe bestimmt. Steht jetzt aufrecht an der Wand. Die Figur unter Lebensgröße. Die Stellung überhaupt aus dem Kupfer ersichtlich. Der *Kopf* ganz Relief (das Relief der Figur nimmt nach den Füßen zu ab). / Die *Augäpfel* vortretend. Kein oberes *Augenlid*, das untere wenig bezeichnet. Keine Inkassatur der *Augen*. Die *Nase* wohlgebildet, der *Mund* nicht ohne Ausdruck. Die *Ohren* ganz ohne organischen Begriff, wie Muschelzieraten. / Die Stickereien an der Stola sauber ziseliert. Die Falten gehen grad ab, ohne Beugung und Knicke. / Die Figur hat keine im ganzen durchgehende Proportion, aber einen Sinn von Großheit bei schwachen, ungleichen Schultern, zu kurzen Oberarmen, zu großen Händen. / Die kleine Figur unter dem Bischof ist eine barbarische Nachahmung des Dornziehers vom Kapitol. Die kurz abgeschnitten[en] Haupthaar[e] bezeichnen einen Jüngling, die Geschlechtsteile sind zweideutig. Zu den Füßen der Heiligen und Könige findet sich dergleichen. / Das Werk ist vollkommen erhalten, scharf und deutlich; unzweifelhaft gleichzeitig und höchst schätzbar.«

(Ist späterhin lobenswürdig mitgeteilt worden) – Zusatz Eckermanns, bezogen auf die Schrift von Johann Gottlieb Christian Cantian: *Ehernes Grabmal des Erzbischofs Ernst von Magdeburg in der Domkirche zu Magdeburg*, Berlin 1822.

Kloster Berge [...] *Wieland* – 1747 war der 14jährige Wieland von seinem Vater in das Internat der nach dem Muster der Franckeschen Anstalt in Halle eingerichteten Schule Klosterberge gebracht worden; Schulleiter war seit 1732 Johann Adam Steinmetz (1689–1762), ein Pietist, nach Wielands späterem Urteil »bis zur Schwärmerei devot«; 1749 ging Wieland aus eigenem Entschluß zu Studien nach Erfurt (Friedrich Sengle, *Wieland*, Stuttgart 1949, S. 19–23).

59 *Abbé Grégoire* – Henri Comte de G. (1750–1831), 1789 Mitglied der konstituierenden Nationalversammlung, beantragte die Abschaffung des Königtums; 1791 Bischof von Blois, Rücktritt 1801 (vom Papst abgesetzt). Vage Erinnerungen Abbé Grégoires an »moments délicieux avec le chef et patriarche de la littérature allemande« bei Herwig, Bd. II, S. 34f.

60 *Studienanstalt* – Die Universität Helmstedt war 1576 gegründet worden; 1809 wurde sie aufgehoben.

Personal der Lehrer – Die Theologen Heinrich Philipp Konrad Henke (1752–1809) – er begleitete G. und Wolf auf ihrer Fahrt zum »tollen Hagen« –, David Julius Pott (1760–1838), Anton August Heinrich Lichtenstein (1753–1816) und Paul Jakob Bruns (1743–1813), der Mediziner Lorenz Florens Friedrich v. Crell (1744–1816) und der Historiker Gabriel Gottfried Bredow (1773–1814). – G.s Reiseakten liegt ein gedrucktes Vorlesungsverzeichnis vom Sommersemester 1805 bei.

61 *Eben* [...] *erlaubten* – Zugleich erlaubten.

Unterschied zwischen mir und meinem Freunde – Die Anekdote erhält aus der Perspektive Wolfs eine andere Nuance: »Das Unglück wollte, daß der viel zu weite Kranz bis auf die Nase herabsank. Mit Heftigkeit riß ich denselben vom Gesicht, da rief Goethe entrüstet: Wolf, Wolf! wie alt bist Du geworden!« (Herwig, Bd. II, S. 35)

62 *unter seinen Merkwürdigkeiten* – G. hat sich ein eigenes kommentiertes Verzeichnis von Gegenständen der Sammlung angelegt (Transkription nach der Hs. im GSA bei Matthes, S. 184–187), für dessen Ausarbeitung er u. a. den Auktionskatalog von Anton August Heinrich Lichtenstein, *Verzeichniß einer ansehnlichen Sammlung von* [...] *Seltenheiten aus allen Reichen der Natur und Kunst* [...], Helmstedt 1811, benutzte.

die Vaucansonischen Automaten – Drei berühmte Kunstfiguren aus der Werkstatt des französischen Mechanikers Jacques Vaucanson: Trommler (von G. nicht erwähnt), Flötenspieler und Ente, um 1740 entstanden; ein Kupferstich von 1747 zeigt sie auf Postamenten in einem Rundtempel aufgestellt (Abb. bei Matthes, Tafel 3; Näheres bei Alfred Chapuis / Ed. Gélis, *Le Monde des Automates*, Bd. II, Paris 1928; die Ente auch auf dem Beireis-Porträt; s. unsere Abb. S. 56): »Als Beireis die drei

Automaten Vaucansons [1785] kaufte, die der Mechaniker Du Moulin bei dem Pflügerschen Handelshaus in Nürnberg gegen ein Darlehen versetzt, aber nicht eingelöst hatte, mußten sie mit großen Kosten repariert werden, weil Du Moulin die Schlüssel zum Aufziehen der Werke mitgenommen und die Ketten ausgehängt hatte. Die Ente bewegte Hals und Flügel, schnatterte, tauchte, fraß Körner, trank Wasser und verdaute, wobei leichtgläubigen Besuchern die Verdauung als natürliche hingestellt wurde. Der zweite Automat war ein Pfeifer, der mit der linken Hand eine Pfeife an den Mund hielt, auf der er zwanzig verschiedene Stücke blasen konnte, während die rechte eine baskische Trommel [...] schlug. Das erstaunlichste Kunstwerk war der Flötenspieler, eine dem Faun von Coyseveau nachgebildete, auf einem Felsen sitzende Figur, die zwölf Stücke vortragen konnte« (Bessmertny, S. 124f.). – Matthes sieht in G.s Zustandsbeschreibung der Automaten, gipfelnd in dem Wort »paralysiert«, eine Symbolik angelegt: die Spiegelung von G.s eigener innerer Paralyse zur Zeit des Beireis-Besuchs, die Störung der ›Maschine Mensch‹ (durch Krankheit, Schillers Tod); zugleich werde schon beim Eintritt in Beireis' Welt exemplarisch dessen Maßlosigkeit vorgeführt.

62 *Die Ente, unbefiedert* [...] *als Gerippe* – Ein anderer Besucher gewinnt diesem Zustand das Positive ab, daß man sich so »noch deutlicher über das Kunstwerk belehren konnte« (sie bestand aus lauter kleinen Metallstäben; Sybel bei Matthes, S. 154).

63 *Prehniten vom Kap* – In rhombischen Tafeln auftretendes Kalzium-Aluminium-Silikat, benannt nach seinem Entdecker, dem Gouverneur des Kaps der Guten Hoffnung, v. Prehn (1783). – G. in den Notizen 1805: »das größte und schönste Stück capischen Prehnit das ich gesehen habe. Das Grüne ist daran vom hellsten biß zum dunkelsten zu sehen.«

sonstige Mineralien – In G.s Notizen: »Demantspat aus Spanien. / Chrystallisirter Labrador. / Sehr schöner *Lapis Lazuli* und Einzelne Chrystallen des Sandsteins von Fontainebleau.«

die Lieberkühnischen Präparate – Anatomische Modelle, verfertigt von dem Mediziner Johann Nathanael Lieberkühn (1711 bis 1758) in Berlin.

die Hahnische Rechenmaschine – Philipp Matthäus Hahn (1739 bis 1790), Pfarrer in Schwaben, Erfinder mechanischer Instrumente, hatte sie 1770 konstruiert. G. hatte Hahn, einen Freund Lavaters, 1779 auf der Reise in die Schweiz besucht.

63 *die gehorsame Uhr* – Eine Tischuhr mit Walzen und Flöten, die durch bloßes Vorhalten der Hand zum Schlagen und Spielen bewegt werden konnte; nach Beireis schlug die auf der Uhr sitzende vergoldete Diana sogar die Zahlen, die man in Gedanken wünschte. Vermutlich wurde sie durch einen Magnetstab gelenkt (Bessmertny, S. 121–124).

64 *Gemälde, seiner neuesten Liebhaberei* – Vielmehr schon eine 1787 erwachte Leidenschaft; Beireis gab vor, durch die infolge der Französischen Revolution in Umlauf gekommenen Schätze aus fürstlichen und privaten Kabinetten, Kirchen und Klöstern zum Gemäldesammeln stimuliert worden zu sein.

65 *gewisse Kuriosa* – Beireis verzeichnet in einem gedruckten Heftchen (*Ein Morgengesicht oder eine Erscheinung des Hofraths und Professors Beireis* [...]; ein Exemplar in G.s Bibliothek) minutiös auch Wirkungen seiner Bilder auf die Betrachter; Achim v. Arnim, der Beireis 1806 besuchte (und ihm in seinem Roman *Gräfin Dolores* ein Denkmal setzte): »unter den Gemälden schien er nur das zu schätzen, was Hunde angebellt oder Conistoralräthe beweint« (Matthes, S. 163).

66 *Kritik* – Unterscheidung, Urteil.
Albrecht Dürers Porträt – Nicht das Original (im Louvre), sondern eine »flaue Kopie« aus der 2. Hälfte des 16. Jh.s (heute im Museum der bildenden Künste in Leipzig; Matthes, Tafeln 4 u. 5; über die Kopie Bessmertny, S. 170 f.); Beireis behauptete, es von den Erben Giulio Romanos (der es wiederum von Raffael ererbt hatte, dem Dürer selbst es geschenkt hatte) erworben zu haben.

67 *wie Hofrat Büttner* – Christian Wilhelm B. (1716–1801), Natur- und Sprachforscher, 1758 Professor in Göttingen, seit 1783 nach Verkauf seiner Bibliothek an Herzog Carl August in Jena lebend. Eine herrliche Schilderung des nach dem Tod des manischen Sammlers aufgefundenen Chaos gibt G. in den *Tag- und Jahres-Heften* zu 1802: »Die Eigenheiten dieses wunderlichen Mannes lassen sich in wenige Worte fassen: unbegrenzte Neigung zum wissenschaftlichen Besitz, beschränkte Genauigkeitsliebe und völliger Mangel an allgemein überschauendem Ordnungsgeiste«; »in dem Zimmer selbst konnte man keinen Fuß vor den andern setzen. [...] das

Neue schob sich flözweise über das Alte hin«; »mehrere Jahre reichten nicht hin die Verworrenheit zu lösen«.

67 *eines [...] Bildes von Rubens* – Es wurde 1949 als »Marktszene, gemalt von einem unbekannten Künstler der Rubensschule« für das Goethe-National-Museum in Weimar erworben (Abb. bei Matthes, Tafel 6). Die sechste Person, den Burschen, nach dem die Magd blickt, hat G. dazuerfunden.

68 *unsere jährlichen Ausstellungen* – Die mit thematischen Preisaufgaben verbundenen Ausstellungen der ›Weimarer Kunstfreunde‹, 1800 begonnen, im September 1805 abgeschlossen.

Verirrung auf Goldgrund – Die von G. bekämpfte religiöse nazarenische Malerei.

echt byzantinisch – In G.s Notizen: »Ein kristlich griechisches. Um eine todte Heilige stehen officiierende [hier: mit dem Totengebet befaßte] Mönche. Ein junger Heiliger als Christus bezeichnet mit einem Kinde auf dem Arm steht hinter dem Bette. Weiter hinten Engel und eine Art Glorie grau in grau. Soll aus dem IV Jahrh. seyn«; Beireis' detaillierte Beschreibung dieses auf Pergament gemalten Bildes, das nach der griechischen Aufschrift den Tod Mariens (»der Gottesgebärerin«) darstellt, bei Matthes, S. 188. – G. zusammenfassend: »Sämmtliche Stücke sind interessant und für alte Kunstgeschichte bedeutend. Nur, ist ausser dem ersten, keins vor dem 15ten Jahrhundert gemahlt.«

70 *Münzen* – Die allgemein als Zeugnis von Beireis' Kennerschaft angesehene Kollektion verzeichnete Johann Jakob Leitzmann 1827; Matthes, S. 169f.: »Die Münzensammlung in Besucherberichten und Beireis-Schrifttum«.

Katalogen des pariser und gothaischen Kabinetts – Wohl die Geschichte des Cabinet de médailles in Paris von A. L. Cointreau (1800) und Adolf Heinrich Friedrich Schlichtegrolls Beschreibung des Münzkabinetts von Gotha (1799).

71 *Rosenoblen* – Englische Goldmünzen, mit einer Rose auf beiden Seiten, seit 1465 geprägt.

Brakteaten – Münzen aus dünnem Silberblech, einseitig geprägt; 12.–14. Jh. Ein Bericht aus dem Jahr 1782 verweist auf die Vollständigkeit der Brakteatensammlung, die sogar arabische Exemplare enthielt (Bessmertny, S. 120).

eine kleine Abhandlung – *De notis, quibus numi antiqui genuini a fictis discerni queant*, 1793 (Über die Kennzeichen, an denen man die echten antiken Münzen von den gefälschten unterscheiden kann).

71 *Lysimachen* – Zwei thrakische Münzen aus der Zeit des Königs Lysimachos (361–281 v. Chr.; regierte seit 305): Vorderseite: jugendlicher Alexanderkopf mit Ammonshörnern und Diadem; Rückseite: sitzende Athena mit Nike; Abb. bei Matthes, Tafel 7. Nach Leitzmann beide echt. – Einen Alexanderkopf nach einer Tetradrachme des Lysimachos hat G. selbst gezeichnet (CGZ III, Nr. 189).

72 *seine Frisur* – Beireis' Zopftracht (statt der Allongeperücke) hatte den Studenten bei seinem ersten Auftreten 1757 als modern gegolten (Bessmertny, S. 116f.).

73 *Prozeß der höchsten Wissenschaft* – Andeutung einer alchemistischen Geheimwissenschaft, die früher einmal der Herstellung eines Arkanums, einer mineralischen roten Farbe, gegolten hatte, der er seinen Wohlstand verdankt haben soll, später der Goldmacherei oder gar der Auffindung des ›Steins der Weisen‹.
spagirische – auf alchemistischem Wege gefundene.
Thaumaturgen – Griech.: Wundertäter, Zauberer.

74 *Der Graf* – Röttger v. Veltheim (1781–1848), Erbküchenmeister des Herzogtums Braunschweig, Majoratsherr auf Harbke.
seines Vaters – August Ferdinand Graf von V. (1741–1801), Mineraloge, Vizeberghauptmann in Zellerfeld; G. an Schiller, 29. Juli 1800 über Veltheims »zusammengedruckte« Schriften: »geistreich und lustig; aber leider leichtsinnig, dilettantisch, mitunter hasenfüßig und phantastisch«. G. hatte schon im September 1783 einen Besuch bei Veltheim geplant.
Den Großvater des Grafen – Friedrich August v. V. (1709–1775).
wie sonst – wie früher.

75 *Die junge Gräfin* – Luise, geb. Freiin v. Lauterbach (1784 bis 1860); 1803 verheiratet mit Röttger v. V., 1806 geschieden und neu verheiratet mit Wilhelm Malte Fürst Putbus.
Frau Mutter – Susanne Elisabeth v. Lauterbach, geb. Hindermann (1763–1821).
einen köstlichen Enkriniten – eine versteinerte Seelilie; s. die Abb. bei Matthes, Tafel 8.

76 *durch Überlieferung zugekommen* – Frühe Berichte vor allem durch Böttiger, der 1793, 1794 und 1799 Beireis besuchte, und durch Achim v. Arnim (1801 und 1806); G. kannte auch

die *Biographischen Nachrichten* über Beireis von Johann Karl Sybel (1811); Bessmertny, S. 98–118 und 133–137.

76 *dreijährige Reisen* – Bessmertny hält die angeblich mehrjährige Auslandsreise nach dem Studium für Legende, zumal Beireis alle Fremdsprachen nur so gesprochen habe, wie sie geschrieben wurden; vermutlich habe Beireis seine Berichte aus Reisebeschreibungen zusammenphantasiert (S. 98–118).

77 *Cochenille* – Schildlausart, aus der karminroter Farbstoff gewonnen wurde. Beireis soll auch eine den Indigo ersetzende blaue Farbe, eine Methode, ohne Pottasche blauzufärben, und ein Surrogat für Franzbranntwein gefunden haben.

des Krapps – Einer in den Mittelmeerländern angebauten Staude, aus deren Wurzeln roter Farbstoff gewonnen wurde.

wie Swedenborg – Der Arzt und Naturforscher, Visionär und Theosoph Emanuel S. (1688–1772) lebte in Uppsala.

Cagliostro – Der in Palermo geborene Abenteurer Giuseppe Balsamo (1743–1795), der unter dem Namen Alexander Graf Cagliostro Griechenland, Ägypten, Kleinasien sowie 1770 bis 1787 Nord- und Westeuropa bereiste.

78 *von* [...] *dem Diamanten* – Vermutlich nur ein Rauchtopas. Matthes sieht in G.s Schilderung des »Diamantenfeuerwerks« und dem »Abglanzbild der Farbensäume« (noch nicht in G.s Notizen!) den bewußt komponierten Höhepunkt der Beireis-Geschichte, die im ganzen eine psychische Selbstkur G.s abspiegele: von Moder und Verfall zu Farbe, Licht und Kristall; trotz der Kritik an Beireis ein Heilerfolg dieses Besuchs für G. – G.s Notizen: »Beyreisens Diamant. *Tavernier* II Band. *Tab.* [= *Les six voyages de Jean Baptiste Tavernier ... en Turquie, en Perse et aux Indes*, II. Bd., Amsterdam 1678; Abb. nach der Ausgabe von 1679, Bd. II, nach S. 374, bei Matthes, Tafel 7]. Der mittelste von den drey unteren unformlichen giebt einen Begriff von der Form. Sie ist nierenformig nach der Eygestalt hinziehend. / *Kundmann Seltenheiten* der Natur und Kunst [Joh. Christian K., Breslau und Leipzig 1737] giebt *pag. 215. Tab. 12* Nachricht von allen vorhandenen großen Diamanten. Dieser soll 2000 *Karat* wiegen. Er ist vollkommen durchsichtig, von glatter Oberfläche, völlig farblos, über seine Schwere wage ich nichts zu sagen. Betrachtet man ferner Gegenstände dadurch so erscheinen sie völlig farblos. Nahe versäumt ich sie zu betrachten. Er hat auf einen einzigen Zug auf dem Kleide her grose Anziehungskraft.

Er soll bengalisch seyn. / Beyreis besitzt ihn 15 Jahre. Er macht den Versuch mit der englischen Feile selbst. / Läßt dem Beschauer den Stein kaum in den Händen, alles ist auf Überraschung und Verwirrung des Betrachters angesehen. / Von Meermann schrieb davon in seiner Reise. v. Veltheim erklärte ihn für einen Kiesel von Madagaskar« (Matthes, S. 186).

78 *Reise Tourneforts* – Vielmehr Taverniers (s. o.).

79 *Muffel* – Tonschale zum Schmelzen von Metallen und Glas.

Eine wichtige, noch ›kunstlose‹ Vorstufe der Beireis-Schilderung ist G.s Briefbericht an Herzog Carl August vom 28. August 1805: »In Helmstedt ward unsre Aufmercksamkeit mehrere Tage durch Merlin-Beireis festgehalten. Seine Person erinnert an Kästner in Göttingen und Büttner in Jena. Fünf und siebzig Jahre haben ihm noch alle Munterkeit gelassen, den lebhaftesten Antheil an allen seinen Besitzungen, die eine Art von barockem Zauberkreis um ihn herschließen. Altes und neues, Kunst und Natur, werthes und unwerthes, brauchbares und unnützes hat sein unbedingter Sammelgeist an sich gezogen um es theils zu verwahren und sich daran zu ergötzen, oder auch, wie es fällt, manches verstauben, verrosten und vermodern zu lassen. Freylich hat er in so langer Zeit unschätzbare Sachen angeschafft. Unter seinen Gemälden befindet sich ein Bildniß Albrecht Dürers, von ihm selbst im 22ten Jahre gemahlt, in welchem alle Tugenden dieses Meisters jugendlich, unschuldig blühend erscheinen. Ein's der interessantesten Bilder die ich kenne, wenig beschädigt, gar nicht restaurirt.

An Münzen besitzt er köstliche Griechische, besonders in Silber. Eine reiche, der Vollständigkeit sich nährende Sammlung der römischen Kaiser in Gold biß auf die letzten Zeiten. Vieles moderne in Silber und Gold worunter manches rare und kuriose. Die Lieberkühnischen anatomisch-mikroscopische Präparate sind gut erhalten; von den Vaucansonischen Maschinen nur die Ente einigermassen, sie bewegt noch Hals und Kopf, die Flügel kaum, sie frißt; aber damit sind auch ihre Künste gethan.

Unter den Naturalien sind Stücke die das Jenaische Cabinet immer noch zieren würden« (WA IV 19, S. 48f.).

Die sorgfältige Vorbereitung und langwierige Arbeit G.s an der Textfassung für die *Tag- und Jahres-Hefte* ist übersichtlich dokumentiert bei Matthes, S. 140f. – Über das Schicksal der Beireisschen Sammlungen nach seinem Tod s. Bessmertny, S. 158–160.

Karl Ernst von Hagen

Text: *Tag- und Jahres-Hefte* zu 1805. 1830
Vorlage: BA 16, S. 162–166

Der Text schließt unmittelbar an den vorigen an (s. dort die Einleitung zu den Erläuterungen). Auch in G.s oben zitiertem Brief an Carl August folgt auf den Beireis-Bericht die Erwähnung v. Hagens: »Auf dem Wege nach Halberstadt besuchten wir [am 19. August 1805] einen Landrath von Hagen, der Ew. Durchl. wohl nicht unbekannt ist und der seinen Beynahmen *der Tolle*, bey einem guten Essen und fürtrefflichem Wein, vor uns vollkommen legitimirt hat.« – Zu G.s Darstellung liegt ein Gegenstück vor, der Bericht eines von G. unerwähnt gelassenen Gesprächsteilnehmers, des jungen Theologen Friedrich Weitze (1783–1841), damals Hauslehrer bei v. Hagen, später Pfarrer. Zuerst erschienen in dessen autobiographischem *Rückblick eines evangelischen Predigers* [...], Halberstadt 1841, wurde er in den 8. Band von Karl August Varnhagen von Enses *Denkwürdigkeiten und vermischten Schriften* aufgenommen (Leipzig 1859, S. 360–372), wobei Varnhagen auf den Wert der von Verehrung und Dankbarkeit grundierten Darstellung als verläßlicher Quelle und als, in Details, Korrektiv und Ergänzung zu G.s markantem Bericht hinweist. Varnhagen selbst hält die Fama über die »absonderliche Sinnesart und Handlungsweise, [...] ungewöhnliche Derbheit und unsaubere Natürlichkeit [...], die wunderlichen Launen, deren Ungebühr und Zuchtlosigkeit, mündlichen Überlieferungen zufolge, in's Unglaubliche gingen«, für berechtigt; nur sollten »auch die guten Eigenschaften« hervortreten. – Im folgenden wird aus Weitzes Text nach der Varnhagen-Edition, aus den Vorfassungen nach Herwig zitiert.

83 *eines* [...] *Edelmanns* – Karl Ernst v. Hagen (1750–1810), Herr auf Nienburg (Rittergut), Landrat.
zu vier im Wagen – G., sein Sohn August, der Altphilologe Friedrich August Wolf und Heinrich Philipp Konrad Henke (s. die Einleitung zu »Beireis« und die Anm. zu S. 60).
mit einer langen weißen Tonpfeife – Die Henke G. zuliebe während des Aufenthalts auf Nienburg ungeraucht ließ.
Zyklopen – Harmloser erscheint v. Hagen in den Berichten des Hauslehrers Weitze: »In ihm war eine Lebendigkeit und ein

bisweilen ungezügelter Humor, wornach er sich dann im Auffallenden gefiel, aber auch überaus viel Geist und Witz, der aus ihm Schlag auf Schlag hervorbrach, ein Geistesphänomen, welches durch nichts zurückgehalten, sich selber treu hervortrat, wie ein Gewitter [...], ein durch und durch excentrischer Geist. Früher, besonders als Officier, hatte ihn sein Temperament und sein muthwilliger Humor zu den tollsten Streichen fortgerissen. Diese Periode aber war vorüber, als ich zu ihm kam. Durch den Ernst der Jahre beruhigt und abgeklärt, war er jetzt einer der treuesten Staatsdiener, voll des begeistertsten Patriotismus [...], ein würdiger Gatte und Vater, ein sehr redlicher Freund, und ein Wohlthäter vieler Nothleidenden und Hülflosen. [...] Wäre seine Ausbildung harmonisch gewesen, so hätte er Großes leisten können.«

83 *Der Empfang* – Aus Weitzes Sicht: »Als der Wagen vorfuhr, ging der Herr von Hagen den Dreien [!] entgegen, und rief ihnen zu: ›Willkommen, willkommen Ihr Ersten bei einem der Ersten Eurer Verehrer!‹ Seine Augen funkelten dabei vor Freude und Bewegung. Goethe schien anfangs etwas zurückhaltend und gemessen; aber er thauete immer mehr auf, als er sah, welchen regen Geist und welch redliches Gemüth er hier vor sich hatte. Er wurde auf eine Art gesprächig, wie ich es noch von keinem gehört [...]. Er sprach unter andern über Gebirgsschönheiten und Aussichten, und was sie bedinge; über Farben, Licht und Schatten, und über Landschaftsmaler [...]. Einige frappante Witze, welche der Wirth dazwischen schleuderte, brachten ihn zum lauten Lachen, was ihm gewiß nicht oft vorgekommen sein mag.« Gleich darauf hatte, nach Weitze, ein erstes Streitgespräch zwischen G. und Hagen stattgefunden: »Der Wirt wagte sogar, mit Goethe zu disputieren. Er behauptete, weil er Kantianer war und dem kategorischen Imperativ huldigte, die wahre Größe müsse auch immer eine sittliche sein. Dagegen Goethe: Größe ist keine Eigenschaft an sich, sondern besteht in dem Eindrucke, den eine Sache oder Person durch Darstellung auf uns, wenn nach gewissen Gesetzen, allgemein macht. Nun kann aber eine Sache oder Person nicht alles, was in und an ihr ist, auf einmal allen zukehren. Selbst aber in den schillerndsten Gestalten herrschen nach Lage und Darstellung gewisse Farben und Töne vor, welche den Eindruck bestimmen. Es gibt eine dämonische, ja dia-

bolische Größe. Erstere erscheint uns, wo der Einfluß unsichtbarer Mächte, wobei wir nicht immer an Gott als das sittlich vollkommenste Wesen denken, in der Erscheinung und Handlung sichtbar zu werden scheint, letzteres da, wo die Handlungen in einem über alles Gesetz hinausliegenden Gebiete zu walten scheinen. Alles, auch das sittlich Abnormste, hat daher für den Eindruck der Größe seine darstellbare Seite, wenn wir sie zu finden wüßten« (Herwig, Bd. II, S. 39).

83 *Schild seines neuerbauten Gasthofes* [...] *der »Reisende in das südliche Frankreich«* – Gegenstück zu dem von Moritz August v. Thümmel im 1. Bd. seiner *Reisen in die mittäglichen Provinzen von Frankreich* (10 Bde., 1791–1805) beschriebenen Schild des Wirtshauses »Zum schwarzen Bock« in Harlem, dessen Wirtin die verlorene Kundschaft dadurch wieder heranzog, daß sie ein Gemälde aushing, das ein Gesäß mit Augen und Nase darstellte; »dem Reisenden erzählt die Geschichte sein Freund Jerôme in Straßburg und erklärt damit zugleich ein Gemälde von Troost, welches das *Wirtshaus mit dem bedenklichen Zeichen und umstehende Betrachter vorstellt«* (Woldemar v. Biedermann).

84 *die Hausfrau* – Wilhelmine v. Hagen, geb. v. Arnstedt (1763 bis 1814).

Leidensgestalt [...] *ganz unteilnehmend* – Anders sah Weitze die Opfernatur der Hausfrau: »Sie war eine Frau von wahrer Bildung, vollkommen des schriftlichen Ausdruckes mächtig, still und sanft, fromm, wohlthätig und aufopfernd, stets ihren Stand behauptend, stets in ruhiger Heiterkeit sich Andern darstellend, und jedes Schicksal mit christlicher Fassung ertragend, streng gegen sich selbst, und milde gegen die Schwächen Anderer.«

85 *zwei Kinder* – Ernst Friedrich Abraham Jakob v. H. (1789 bis 1862) und Johanna Penina Luise Auguste v. H. (1793–1840; 1817 verh. v. Krosigk auf Poplitz).

Abgüsse des Apollin und ähnlicher Statuen – Gemeint ist die Apollostatue in der Tribuna zu Florenz. – Nach Weitze waren die Statuen (er erwähnt noch eine Venus) aus Karton (gemeint wohl: Pappmaché).

Apprehension – Besorgnis.

86 *satyrischen, pasquillantischen, unsauberen Inhalts* – Karikaturen mit speziell obszöner Tendenz; in der alten Orthographie

»satyrischen« klingt noch der antike griechische »Satyr« nach, wie im »Faunenohr« (s. o.) sein römisches Pendant, Hinweise auf die in Hagens Haus immer wieder durchbrechenden Naturtriebe. Über diese Seite des Haushalts wie über die obszöne Liedstrophe schweigt sich der Chronist Weitze aus. Statt dessen berichtet er von dem erfolgreichen Versuch der Abendgesellschaft, Henke, der sich geweigert hatte, mit den andern einer Weinrarität v. Hagens zuzusprechen, durch poetisch verkleidete Argumente zu überwinden, wobei G. Kampfrichter war.

86 *meine Jugendpferde* – Die Spott- und Streitlust, die Freude am Paradox in der Sturm-und-Drang-Periode, nicht ohne moralischen Ernst.

sonst – einst.

87 *Didaskalie* – Lehre, Sinn.

88 *dem* [...] *Freunde* – Weitze über Henkes Abschied: »Henke unterhielt sich nach Goethe's und Wolf's Abreise noch längere Zeit mit mir. ›Nun‹, sagte er scherzhaft, ›müssen wir das theologische Air wieder aufnehmen.‹ Er rauchte, was er in Goethe's Gegenwart nicht gethan hatte, eine Pfeife, die man ihm präsentirte, und unterhielt sich mit Frau von Hagen über religiöse Gegenstände und insonderheit über Predigten sehr anziehend. Noch mit der langen Thonpfeife im Munde, stieg er heiter in den Wagen, und ich, entzückt von den eben erlebten Stunden eines unvergeßlichen Geistesgenusses, setzte meine Beschäftigung fort.«

Pietro della Valle

Text: *Noten und Abhandlungen* zum *West-östlichen Divan.* 1819
Vorlage: BA 3, S. 278–293

Seiner sehr umfangreichen Darstellung des Orientreisenden Pietro della Valle in den *Noten und Abhandlungen* zum *West-östlichen Divan* (zum Vergleich: Marco Polo wird dort auf anderthalb Seiten vorgestellt) hat G. eine an den Leser gerichtete »Entschuldigung« angefügt, die zugleich eine Dankadresse an den bedeutenden Reisenden als den ersten Lehrer des *Divan*-Dichters geworden ist; was G. nicht ausspricht: das Leben dieses Reisenden berührt ihn auch deshalb, weil es eine exemplarische Liebes- und eine Herrschergeschichte umschließt.

»Es läßt sich bemerken, daß ein jeder den Weg, auf welchem er zu irgendeiner Kenntnis und Einsicht gelangt, allen übrigen vorziehen und seine Nachfolger gern auf denselben einleiten und einweihen möchte. In diesem Sinne hab ich Peter della Valle umständlich dargestellt, weil er derjenige Reisende war, durch den mir die Eigentümlichkeiten des Orients am ersten und klarsten aufgegangen, und meinem Vorurteil will scheinen, daß ich durch diese Darstellung erst meinem ›Divan‹ einen eigentümlichen Grund und Boden gewonnen habe. Möge dies andern zur Aufmunterung gereichen, in dieser Zeit, die so reich an Blättern und einzelnen Heften ist, einen Folianten durchzulesen, durch den sie entschieden in eine bedeutende Welt gelangen, die ihnen in den neusten Reisebeschreibungen zwar oberflächlich umgeändert, im Grund aber als dieselbe erscheinen wird, welche sie dem vorzüglichen Manne zu seiner Zeit erschien. / Wer den Dichter will verstehen, / Muß in Dichters Lande gehen; / Er im Orient sich freue, / Daß das Alte sei das Neue.«

Eine erste Lektüre della Valles verzeichnet G.s Tagebuch am 28. und 29. Oktober 1806, in der dramatischen Zeit der Besetzung Weimars durch die Franzosen. Vom 26. März bis 6. Mai 1815, während der Vorbereitung des *Divan*, und wieder vom 5. April bis 14. Juni 1819, bei der Arbeit an den *Noten*, entlieh er von der Weimarer Bibliothek die dt. Übersetzung der *Viaggi di Pietro della Valle il Pellegrino, Descritti da lui medesimo in Lettere familiari* (1650–1653): *Petri della Valle, eines vornehmen Römischen Patritii, Reiß-Beschreibung in unterschiedliche Theile der Welt, Nemlich in Türckey, Egypten, Palestina, Persien, Ost-Indien, und andere weit entlegene Landschafften* [...], 4 Bde. [Bd. I: Türkei; II u. III: Persien; IV: Indien u. Heimreise], Genf 1674 (zit. *Reiß-Beschreibung*). Der größte Teil von G.s Schilderung ist aus diesem monumentalen Werk gleichsam als ›abstract‹ herausgearbeitet. – Vgl. die Kommentare in Bd. 3.2 der ›Frankfurter Goethe-Ausgabe‹ (Hendrik Birus; 1994), S. 1552–1560), in Bd. 11.1.2 der ›Münchner Goethe-Ausgabe‹ (Karl Richter; 1998), S. 816–821, sowie den von Hans-J. Weitz in seiner Ausgabe des *West-östlichen Divan*, Frankfurt a. M. 1974, S. 343–345. G.s Formung des Materials zum idealtypischen Porträt hat Esin Ileri analysiert: *Goethes »West-östlicher Divan« als imaginäre Orient-Reise. Sinn und Funktion*, Frankfurt a. M. und Bern 1982.

91 *edlen Familien der Republik* – Die einleitenden Angaben entnahm G. vermutlich dem der *Reiß-Beschreibung* vorangestellten Überblick über della Valles Leben von Abt Filippo Maria Bonini.

lebte Tasso noch – Torquato Tasso (1544–1595) war von 1579 bis 1586 im Ospedale di Sant'Anna in Ferrara auf Befehl Alfonsos II. als angeblich Geisteskranker festgehalten worden; G. hatte 1786 sein »Gefängnis« besucht.

Improvisatoren – Leute, die aus dem Stegreif gedichtete Verse öffentlich vortrugen.

92 *im Pilgerkleide* – Von da ab gab er sich auch den Beinamen »il Pellegrino«.

Grab der heiligen Katharina – Katharina von Alexandrien liegt begraben in dem 557 von Justinian errichteten, seit dem 14. Jh. nach ihr genannten Kloster am Fuß des Sinai, zu dem nach ihrem Martyrium unter Kaiser Maxentius (307) Engel ihren Leib gebracht haben sollen.

Capighi – türk.: Türhüter, Diener; »niedrigste und äußerste Wache des Serails« (von Hammer).

93 *Wortbild* – Vgl. das *Divan*-Gedicht *Musterbilder*, V. 3: »Wortbild entzündet, Liebe schürt zu«; Rodawu entflammt in Liebe, als man ihr die Schönheit des jungen Gouverneurs schildert.

wird sie seine Gattin – Ende 1616 (vgl. den 17. Brief).

damals nur noch – damals nur erst.

die schöne Maani – Siehe unsere Abb. aus der *Reiß-Beschreibung*; dort ihr Name als Ehefrau: Sitti Maani Gioerida della Valle (1599–1622). Als Attribut trägt sie ein Schwert, und auch das Epigramm weist auf ihren »resoluten Charakter«: »Sie hat eins Mannes Hertz«.

94 *aufregende* – anregende.

Abbas' des Zweiten – Gemeint ist Abbas I. der Große aus der Safawiden-Dynastie (1557–1629), der seit 1588 regierte.

Peter und Friedrich – Zar Peter I. der Große regierte Rußland 1689–1725, Friedrich II. Preußen 1740–1786.

Ispahan – Isfahan, im persischen Hochland, durch Abbas' Bautätigkeit damals eine der schönsten Städte der Welt.

Vorstadt für die Armenier – Dschulfa, bei G.: Chalfa.

95 *Nachfahren der Feueranbeter* – Die Parsen, deren Kultus G. in dem *Divan*-Buch »Parsi Nameh / Buch des Parsen« mit

dem Gedicht *Vermächtnis altpersischen Glaubens* Reverenz erwies.

95 *Karmeliten* – Nach seinem Stammsitz, dem Berg Karmel in Israel, benannter Bettelorden.

97 *Staatsdivan* – Staatskanzlei.

Usurpatoren – Thronräuber; gemeint ist Boris Godunow (reg. 1598–1605), Mörder des Thronfolgers Dmitri (1582 bis 1591).

Trugfürsten – Der ›falsche Dmitri‹ (Schillers »Demetrius«), der nach Boris Godunows Tod dessen Sohn Fjodor II. stürzte und sich als Zar etablierte, bis er 1606 bei einem Aufstand erschlagen wurde; auf ihn folgten noch zwei falsche Zaren (1610–1620).

befahren – befürchten.

Aderbijan – Das antike Medien, die persische Provinz Aserbaidschan im Südwesten des Kaspischen Meeres.

98 *Polizei* – Behördlich eingehaltene Ordnung und Sauberkeit.

99 *Kasbin* – Kaswīn, Stadt nordwestlich von Teheran.

Sherley – Sir Anthony S. (1565–um 1635), seit 1598 in Persien, um den engl. Handel zu fördern. Im Dienst Abbas' des Großen Gesandter in Moskau, Prag und Rom; veröffentlichte 1613 *Travels into Persia.*

100 *verglichen* – einen vertraglichen Ausgleich zustande gebracht.

Fest der Kreuzestaufe – Das Fest »Chatschae schuran« (›Eintauchen des Kreuzes ins Wasser‹) am 6. Januar, ausführlich beschrieben in Adam Olearius' Reisebeschreibung, Schleswig 1656, einem von G. häufig benutzten Werk.

101 *Senderud* – »Fluß des lebendigen Wassers«; »Es fleußt an der Südwest- und Südseiten [von Isfahan] eine ziemlich große Rivier, Senderud, vorbei, kömmt aus dem Gebirge Demawend [Darnawend]« (Olearius). »Es ist von Haus aus ein kleiner Fluß; doch Abbas der Große hat einen anderen, weit größeren hinzutreten lassen, indem er, unter unglaublichen Kosten, Gebirge, die dreißig Meilen von Ispahan entfernt sind, durchstoßen ließ« (Chardin, *Voyages en Perse*, Bd. II, S. 2; übers. von Hans-J. Weitz).

persönlich – eigentümlich.

Schiiten [...] dem Ali anhängend – Die Schiiten (arab. ›schija‹: die Partei [nämlich Alis]) erkennen nur Ali ben Abi Talib (geb. um 598, reg. ab 656 als 4. Kalif, ermordet 661 in der Moschee zu Kufah), den Vetter und Schwiegersohn des Propheten Mohammed, und seine Nachkommen als Imame (Leiter) der Muslime an.

101 *Sunniten* – Genannt nach der *Sunna* (arab. Brauch, Sitte), den mündlich überlieferten Lehrsprüchen und Lebenszeugnissen Mohammeds, der zweiten Glaubensgrundlage neben dem Koran.

eingeschobenen Kalifen – Abu-Bakr (reg. 632–634), Omar (634 bis 644) und Othman (644–656).

102 *Nachfahren* – Die Safawiden.

erst nach neunzig Jahren – Mit der Besetzung Persiens durch die Afghanen 1722.

103 *Familienlabyrinths* [...] *König Herodes* – Herodes I. (73–4 v. Chr.), seit 37 v. Chr. unter römischer Oberherrschaft König von Judäa; zwischen den Angehörigen aus seinen fünf Ehen herrschten Intrigen und Mord.

durch Weissagung merkwürdiges Kind – Jesus.

allgemein verbreitete Grausamkeit – Den bethlehemitischen Kindermord.

einer ward unschuldig ermordet – Seinen ältesten Sohn ließ Abbas erdolchen.

der andere halbschuldig geblendet – Abbas ließ seinen Bruder und weitere Familienmitglieder blenden.

105 *bedingten Regierungen* – Die durch Verfassungen eingeschränkten konstitutionellen Monarchien.

Und so mögen – Die Warnung ist auch ein Reflex auf die aktuelle politische Lage in Deutschland nach der Ermordung Kotzebues im Frühjahr 1819, auf den ungleichen Kampf zwischen Demokraten und Regierenden.

106 *Ormus* – Hormuz am persischen Golf, 1515–1622 unter portugiesischer Herrschaft.

das wunderbare Gefühl – das unerklärliche Gefühl (Heimweh).

107 *aus der Palmenhütte unter die Zelte* – Die Sterbeszene ist in der *Reiß-Beschreibung* auf einer Kupfertafel dargestellt (3. Teil, 16. Brief; 27. Juli 1622).

108 *dezimiert, taxiert* – um den zehnten Teil gebracht, besteuert.

in der Christenheit [...] *vexiert und verspätet* – in den christlichen Ländern schikaniert und aufgehalten.

108 *nach Rom* – Ankunft am 28. März 1626.
auf Ara Coeli – S.ta Maria in Aracoeli auf dem Kapitol.
herrliches Leichenfest – Sowohl in dem Lebenslauf vor der *Reiß-Beschreibung* wie am Ende des letzten Briefs (dort mit Wiedergabe der Gedenktafel für Maani) geschildert.
di Ziba – Pers. ziba: hübsch.
110 *bei seinem* Tode – Am 20. April 1652.

Filippo Neri

Aus: *Italienische Reise. Dritter Teil (Zweiter Römischer Aufenthalt).* 1829
Vorlage: BA 14, S. 654–667

Daß Filippo Neri G.s, des Protestanten, Lieblingsheiliger gewesen ist, geht schon aus den langen und umfangreichen Vorabeiten seiner biographischen Darstellung, dann aber auch aus dem ungewöhnlichen Verfahren hervor, daß er diese in der *Italienischen Reise* zweimal, in unterschiedlichen Fassungen präsentiert. Konzipiert wurde der Aufsatz bereits 1810. In dieser ersten, kürzeren Gestalt brachte G. ihn 1817 im II. Teil der *Italienischen Reise* unter Neris Sterbe- und kirchlichem Festtag, dem 26. Mai, dann im III. Teil (1829), dem *Zweiten Römischen Aufenthalt*, eingeschaltet in den Dezember-Bericht 1787, wobei die Kurzfassung im Verhältnis zu dem breiter erzählten späteren Text sich manchmal wie dessen Analyse liest:

»Genau betrachtet, möchte man doch wohl gutheißen, daß es so viele Heilige gibt; nun kann jeder Gläubige den seinigen auslesen und, mit vollem Vertrauen, sich gerade an den wenden, der ihm eigentlich zusagt. Heute war der Tag des meinigen, den ich denn ihm zu Ehren nach seiner Weise und Lehre andächtig-munter beging.

Philippus Neri steht in hohem Ansehn und zugleich heiterm Andenken; man wird erbaut und erfreut, wenn man von ihm und von seiner hohen Gottesfurcht vernimmt, zugleich aber hört man auch von seiner guten Laune sehr viel erzählen. Seit seinen ersten Jugendjahren fühlte er die brünstigsten Religionstriebe, und im Laufe seines Lebens entwickelten sich in ihm die höchsten Gaben des religiösen Enthusiasmus: die Gabe des unwillkürlichen Gebets, der tiefen wortlosen Anbetung, die Gabe der Tränen, der Ekstase und zuletzt sogar des Aufsteigens vom Boden und Schwebens über demselben, welches von allen für das Höchste gehalten wird.

Zu so vielen geheimnisvollen, seltsamen Innerlichkeiten gesellte er den klarsten Menschenverstand, die reinste Würdigung oder vielmehr Abwürdigung der irdischen Dinge, den tätigsten Beistand in leiblicher und geistlicher Not, seinem Nebenmenschen gewidmet. Streng beobachtete er alle Obliegenheiten, wie sie auch an Festen, Kirchenbesuchen, Beten, Fasten und sonst von dem gläubigen kirchlichen Manne gefordert werden. Ebenso beschäftigte er sich mit Bildung der Jugend, mit musikalischer und rednerischer Übung derselben, indem er nicht allein geistliche, sondern auch geistreiche Themata vorlegte und sonst aufregende Gespräche und Disputationen veranlaßte. Hiebei möchte denn wohl das sonderbarste scheinen, daß er das alles aus eignem Trieb und Befugnis tat und leistete, seinen Weg viele Jahre stetig verfolgte, ohne zu irgendeinem Orden oder Kongregation zu gehören, ja ohne die geistliche Weihe zu haben.

Doch bedeutender muß es auffallen, daß gerade dies zu Luthers Zeit geschah und daß mitten in Rom ein tüchtiger, gottesfürchtiger, energischer, tätiger Mann gleichfalls den Gedanken hatte, das Geistliche, ja das Heilige mit dem Weltlichen zu verbinden, das Himmlische in das Säkulum einzuführen und dadurch ebenfalls eine Reformation vorzubereiten. Denn hier liegt doch ganz allein der Schlüssel, der die Gefängnisse des Papsttums öffnen und der freien Welt ihren Gott wiedergeben soll.

Der päpstliche Hof jedoch, der einen so bedeutenden Mann in der Nähe, im Bezirk von Rom, unter seinem Gewahrsam hatte, ließ nicht nach, bis dieser, der ohnehin ein geistliches Leben führte, schon seine Wohnung in Klöstern nahm, daselbst lehrte, ermunterte, ja sogar, wo nicht einen Orden, doch eine freie Versammlung zu stiften im Begriff war, endlich beredet ward, die Weihe zu nehmen und alle die Vorteile damit zu empfangen, die ihm denn doch bisher auf seinem Lebenswege ermangelt hatten.

Will man auch seine körperliche wunderbare Erhebung über den Boden, wie billig, in Zweifel ziehen, so war er doch dem Geiste nach hoch über dieser Welt erhoben und deswegen ihm nichts so sehr zuwider als Eitelkeit, Schein, Anmaßung, gegen die er auch immer, als gegen die größten Hindernisse eines wahren gottseligen Lebens, kräftig wirkte, und zwar, wie uns manche Geschichte überliefert, immer mit gutem Humor.

Er befindet sich z. B. eben in der Nähe des Papstes, als diesem berichtet wird, daß in der Nähe von Rom eine Klosterfrau mit allerlei wunderlichen geistlichen Gaben sich hervortue. Die Wahrhaftigkeit dieser Erzählungen zu untersuchen, erhält Neri den Auftrag. Er setzt sich sogleich zu Maultier und ist bei sehr bösem Wetter und Weg bald im Kloster. Eingeführt, unterhält er sich mit der Äbtissin, die ihm von allen diesen Gnadenzeichen mit vollkommener Beistimmung genaueste Kenntnis gibt. Die geforderte Nonne tritt ein, und er, ohne sie weiter zu begrüßen, reicht ihr den kotigen Stiefel hin, mit dem Ansinnen, daß sie ihn ausziehen solle. Die heilige, reinliche Jungfrau tritt erschrocken zurück und gibt ihre Entrüstung über dieses Zumuten mit heftigen Worten zu erkennen. Neri erhebt sich ganz gelassen, besteigt sein Maultier und findet sich wieder vor dem Papst, ehe dieser es nur vermuten konnte; denn wegen Prüfung solcher Geistesgaben sind katholischen Beichtvätern bedeutende Vorsichtsmaßregeln aufs genaueste vorgeschrieben, weil die Kirche zwar die Möglichkeit solcher himmlischen Begünstigungen zugibt, aber die Wirklichkeit derselben nicht ohne die genaueste Prüfung zugesteht. Dem verwunderten Papste eröffnete Neri das Resultat: ›Sie ist keine Heilige!‹, ruft er aus, ›sie tut keine Wunder! denn die Haupteigenschaft fehlt ihr, die Demut.‹

Diese Maxime kann man als das leitende Prinzip seines ganzen Lebens ansehen; denn, um nur noch eins zu erzählen: als er die Kongregation der Padri dell'Oratorio gestiftet hatte, die sich bald ein großes Ansehn erwarb und gar vielen den Wunsch einflößte, Mitglied derselben zu werden, kam ein junger römischer Prinz, um Aufnahme bittend, welchem denn auch das Noviziat und die demselben angewiesene Kleidung zugestanden wurde. Da aber selbiger nach einiger Zeit um wirklichen Eintritt nachsuchte, hieß es, daß vorher noch einige Prüfungen zu bestehen seien; wozu er sich denn auch bereit erklärte. Da brachte Neri einen langen Fuchsschwanz hervor und forderte: der Prinz solle diesen sich hinten an das lange Röckchen anheften lassen und ganz ernsthaft durch alle Straßen von Rom gehen. Der junge Mann entsetzte sich, wie oben die Nonne, und äußerte: er habe sich gemeldet, nicht um Schande, sondern um Ehre zu erlangen. Da meinte denn Vater Neri, dies sei von ihrem Kreise nicht zu erwarten, wo die höchste Entsagung das erste Gesetz bleibe. Worauf denn der Jüngling seinen Abschied nahm.

In einem kurzen Wahlspruch hatte Neri seine Hauptlehre verfaßt: ›Spernere mundum, spernere te ipsum, spernere te sperni.‹ Und damit war freilich alles gesagt. Die beiden ersten Punkte bildet sich ein Hypochondrist wohl manchmal ein erfüllen zu können, um aber sich zum dritten zu bequemen, müßte man auf dem Wege sein, ein Heiliger zu werden.«

Als Quellen benutzte G. neben Bd. 5 der *Acta Sanctorum* (Tagebuch, 2. Mai 1829: »Las in den ›Actis Sanctorum‹ nach geraumer Zeit das Leben des Philippus Neri wieder; suchte desselben Bildniß auf in Fidanza«) vor allem Pietro Giacomo Baccis *Vita di S. Filippo Neri* (1612) in der durch Giacomo Ricci erweiterten Ausgabe (Rom 1745), vielleicht auch eine während seines Rom-Aufenthalts am Fest des Heiligen verkaufte kleine Schrift mit Neris Lebenslauf von Domenico Maria Manni (1785). – Siehe auch Louis Ponnelle, Louis Bordet, *San Filippo Neri e la società romana del suo tempo.* Florenz 1986.

113 *humoristische* – Die vielfach bezeugte »gute Laune« Neris, das Gegengewicht zu seiner Strenge und »hohen Gottesfurcht«.
geboren 1515 – Am 21. Juli.
Sein Bildnis – Siehe unsere Abb. S. 112 aus Paolo Fidanza, *Teste scelte di personaggi illustri* [*Ausgewählte Köpfe berühmter Personen*], 5 Bde., Rom 1757–1759, Bd. 5, Bl. 31 (nach dem Exemplar in G.s Bibliothek).
Abkömmling einer edlen Familie – Sohn eines Rechtsanwalts und Alchemisten.
unterrichtet – Bei den Dominikanern von S. Marco.
man meldet nicht, in welchem Alter – Im Jahr 1533; Neri, damals Handlungsgehilfe bei einem kinderlosen Onkel, schlug die Erbschaft aus und lebte nach seiner Ankunft in Rom in Armut.
zur traurigsten Zeit – Nach dem »Sacco di Roma« (1527), der Einnahme Roms durch deutsche und spanische Söldner während des Feldzugs Kaiser Karls V. gegen Papst Clemens VII.
sieben Hauptkirchen – Die Peterskirche, S.ta Maria Maggiore, S. Lorenzo fuori le Mura, S.ta Croce in Gerusalemme, S. Giovanni in Laterano, S. Sebastiano, S. Paolo fuori le Mura.
zerbricht ein paar Rippen – Der Vorfall ereignete sich 1544 am Tag vor Pfingsten in der Katakombe S. Sebastiano.

113 *lebenslängliches Herzklopfen* – Die Brustwand über dem Herzen hatte sich um mehrere Zentimeter gehoben; über die Folgen veröffentlichte einer der Ärzte, die nach Neris Tod die Sektion vornahmen, eine eigene Schrift: Angelo Vettori, *Historia palpationis cordis ruptarumque costarum Philippi Neri*, Rom 1613 *(Geschichte des* [verstärkten] *Herzschlags und der zerbrochenen Rippen Philipp Neris)*.

115 *Sant' Onofrio* – Kirche und Kloster am Hang des Gianicolo, 1419 gegründet, der Sterbeort Tassos (1595).

116 *San Girolamo* – S. Girolamo alla Carità; Neri wohnte dort nach seiner Priesterweihe 1551; die Kirche der Florentiner war aber S. Giovanni dei Fiorentini, an der Neri erst ab 1764 wirkte.

ein Kloster – S.ta Maria in Vallicella (›Chiesa Nuova‹), zwischen 1575 und 1605 für den von Neri gegründeten Orden der Oratorianer errichtet.

durch Musik ergötzt [...] *geschieht jetzt noch* – Im Betsaal des erst 1637–1650 errichteten »Oratorio dei Filippini« fanden auch die geistlichen Konzerte statt, aus denen das musikalische Genre des Oratoriums hervorging.

118 *Maxime des heiligen Bernhard* – »Die Welt verachten, niemanden verachten, sich selbst verachten, verachten, daß man verachtet wird« (s. o. die kürzere Fassung in IR II).

119 *Gabe* [...] *Geister zu unterscheiden* – Siehe den 1. Brief des Apostels Paulus an die Korinther, 12,10.

123 *fortging* – weiterging.

124 *der Antoninischen Bäder* – der Caracalla-Thermen.

125 *Xaverius* – Franziskus Xaverius (1506–1552), Freund und Mitstreiter des hl. Ignatius v. Loyola, hatte Missionsreisen nach Brasilien, Indien und Japan unternommen.

abgöttischen – an Götzen glaubenden.

126 *die drei Brunnen vor dem Tore St. Sebastian* – Röhrenbrunnen in der Kirche S. Paolo alle Tre Fontane. Die Legende berichtet, daß hier der Kopf des hl. Paulus nach der Enthauptung drei Sprünge getan habe und daß da, wo er jeweils niederfiel, eine wundertätige Quelle entstanden sei.

127 *Papst Clemens VIII.* – Aldobrandini, Papst von 1592–1605.

Leo X. – Medici, Papst von 1513–1521.

128 *Memorial* [...] *Resolution* – Vermutlich von F. W. Riemer für G. übersetzt.

In G.s Nachlaß fand sich ein handschriftlicher, vermutlich gleichfalls 1829 entstandener Zusatz, der in der sogen. »Quartausgabe« (Bd. 2) von 1837 im Anschluß an den Neri-Aufsatz abgedruckt wurde:

»Allgemeine Betrachtung.

Zu Anfang des sechzehnten Jahrhunderts hatte sich der Geist der bildenden Kunst völlig aus der Barbarei des Mittelalters emporgehoben; zu freisinnigen heiteren Wirkungen war sie gelangt. Was aber sich in der edlen menschlichen Natur auf Verstand, Vernunft, Religion bezog, genoß keineswegs einer freien Wirkung. Im Norden kämpfte ein gebildeter Menschensinn gegen die plumpen Anmaßungen eines veralteten Herkommens; leider waren Worte und Vernunftgründe nicht hinreichend, man griff zu den Waffen. Tausende und aber Tausende, die ihr Seelenheil auf reinem freien Wege suchten, gingen an Leib und Gütern auf die grausamste Weise zu Grunde.

Im Süden selbst suchten edlere schönere Geister sich von der Gewalt der allbeherrschenden Kirche loszulösen, und wir glauben an Philipp Neri einen Versuch zu sehen, wie man wohl ein frommer Mann sein, auch ein Heiliger werden könne, ohne sich der Alleinherrschaft des Römischen Papstes zu unterwerfen. Freilich findet Neri für Gefühl und Einbildungskraft gerade in dem Element, welches von der Römischen Kirche beherrscht wird, gleichfalls sein Behagen; sich ganz von ihr loszuhalten, wird ihm deshalb unmöglich. Wie lange zaudert er, bis er sich in den Priesterstand begiebt, wie lös't er sich ab von allem kirchlichen Schlendrian und wie sucht er Lehre sowohl als Leben heiter, sittlich und einwirkend praktisch zu machen.

Daß er zuletzt den Cardinalshut entschieden verschmäht, auf eine den Papst beleidigende Weise, zeugt, wie er sich von Banden frei zu erhalten gesucht hat. Sodann giebt die wunderliche, bis zum Komischen trutzige Correspondenz, womit wir unsern Vortrag schlossen, ein lebendiges Zeugniß und versetzt uns einigermaßen in das Jahrhundert, welches der außerordentliche Mann beinahe durch sein Leben ausfüllt. Uns war es höchst merkwürdig einen Heiligen anzutreffen, Zeitgenossen des Weltkindes Cellini, gleichfalls eines Florentiners, dessen Andenken wir so viele Aufmerksamkeit gewidmet [s. G.s Übersetzung *Leben des Benvenuto Cellini*, 1803]. Auch sollte die Parallele zwischen beiden ausführlicher behandelt werden und vielleicht noch einige andere bedeutende

Existenzen, um durch mehrere Individuen ein lebendiges Bild der Zeit eigenthümlich hervorzurufen. Möge jedoch dasjenige, was hier von einem frommen edlen Enthusiasmus vorgeführt worden, zu anmuthigen Vergleichungen einstweilen Anlaß geben.«

(Vorlage: FrA I 15/2 [*Italienische Reise*, Kommentarband], S. 1149f.)

Nachtrag zu MADAME DE STAËL

Der S. 149 wiedergegebene, vermeintlich fragmentarische Text »Verhältniß zu Frau von Staël« (der Titel stammt nicht von G.) schließt unmittelbar an die S. 147f. mitgeteilte Variante zu S. 49f. an. Dieser Zusammenhang ist offenbar bisher nicht bemerkt worden.

Es handelt sich vermutlich um einen Teil jenes früheren Aufsatzes, den G. später zunächst den *Tag- und Jahres-Heften* zu 1804 eingliedern wollte: »Hier aber mag ein Aufsatz den ich später, einem anfragenden Freunde zu Liebe schrieb, nach so viel Jahren seine Stelle finden« (WA I 35, S. 311).

Vor der Publikation strich G. diese Bemerkung und ersetzte den Aufsatz durch eine veränderte und gekürzte neue Fassung. Es ist bisher noch nicht bekannt, um wen es sich bei dem »anfragenden Freunde« handelt, und ebensowenig, wann die Anfrage erfolgte und G. seine Antwort verfaßte. Die Formulierung »nach so viel Jahren« deutet darauf hin, daß der Aufsatz erheblich früher als 1825 entstand (als G. mit der Redaktion des Abschnitts 1804 der *Tag- und Jahres-Hefte* begann); aus dem »später« wiederum geht hervor, daß es erst in einigem zeitlichen Abstand zu den geschilderten Ereignissen geschah.

Der Aufsatz begann mit folgender Charakterisierung des Verhältnisses zu Madame de Staël: »Die Anwesenheit der Frau von Stael war mir keineswegs in dem Grade nützlich und erfreulich, wie man es hätte hoffen sollen. Nicht gerechnet, daß ein körperliches Übel, das ich mir durch Unvorsichtigkeit in diesen höchst rauhen Tagen zugezogen hatte, mich weniger gesellig werden ließ, so war die Natur und Weise dieser außerordentlichen Frau der meinigen entgegengesetzt und unbequem« (WA I 35, S. 311).

DANKSAGUNG

Der Herausgeber dankt Dorothea Mertens und Martin Ehrenzeller für ihre wichtige Hilfe und seiner Lektorin Magdalena Frank für die produktive Zusammenarbeit.

ISBN 3-351-02863-6

1. Auflage 1999

Einbandgestaltung PEIX, Andreas Petzold
Typographie Peter Birmele
Druck und Binden
Graphischer Großbetrieb Pößneck GmbH
Ein Mohndruckbetrieb
Printed in Germany